David Jauch/Jörg Ramb

Ausbildungstraining zum Finanzwirt Laufbahnprüfung 2020/2021

Steuern und Finanzen in Ausbildung und Praxis
Band 13

4. Auflage

2020
HDS-Verlag
Weil im Schönbuch

HDS
Verlag

Bibliografische Information der Deutschen Nationalbibliothek
Die Deutsche Nationalbibliothek verzeichnet diese Publikation
in der Deutschen Nationalbibliografie; detaillierte bibliografische Daten
sind im Internet über http://dnb.de abrufbar.

Gedruckt auf säure- und chlorfreiem, alterungsbeständigem Papier

ISBN: 978-3-95554-599-4

© 2020 HDS-Verlag
www.hds-verlag.de
info@hds-verlag.de

Einbandgestaltung: Peter Marwitz – etherial.de
Layout: HDS-Verlag
Druck und Bindung: Books on Demand GmbH

Printed in Germany
2020

HDS-Verlag Weil im Schönbuch

Die Autoren

David Jauch, Dipl-Finanzwirt, war seit Juli 2009 Lehrender an der Landesfinanzschule Rheinland-Pfalz in Edenkoben und unterrichtete u.a. Abgabenordnung, Bewertungsrecht, Einkommensteuer, Erbschaft- und Umsatzsteuer. Seit Januar 2016 ist er als Dozent für Einkommensteuer/Gewerbesteuer an der Hochschule für Finanzen in Rheinland-Pfalz tätig. Er hat im Bereich der Erbschaftsteuer, Einkommensteuer sowie Umsatzsteuer diverse Beiträge veröffentlicht.

Jörg Ramb, Dipl.-Finanzwirt, ist seit Juli 2001 Dozent an der Hochschule für Finanzen Rheinland-Pfalz in Edenkoben und als Autor im Bereich Bewertungsrecht/Erbrecht/Erbschaftsteuerrecht und Umsatzsteuerrecht tätig.

Vorwort zur 4. Auflage

Das Lösen von Klausuren zur Vorbereitung auf die Laufbahnprüfung ist ein effektives und wertvolles Training. Dieses Buch ist bestens geeignet, die Steueranwärter durch ihre gesamte Ausbildung zu begleiten.

Die Ausbildung der Steuerbeamten ist grundsätzlich im Steuerbeamten-Ausbildungsgesetz (StBAG) geregelt. Einzelregelungen zu Ausbildung und Prüfung enthält die Ausbildungs- und Prüfungsordnung für die Steuerbeamten (StBAPO). Nach § 15 Abs. 2 StBAPO sind während der fachtheoretischen Ausbildung Aufsichtsarbeiten zu fertigen. Im zweiten Teilabschnitt der fachtheoretischen Ausbildung ist aus jedem Gebiet der schriftlichen Prüfung mindestens eine dreistündige Aufsichtsarbeit zu schreiben. Nach § 33 Abs. 3 StBAPO besteht die Laufbahnprüfung aus einem schriftlichen und einem mündlichen Teil. Die schriftliche Prüfung umfasst Aufgaben aus folgenden Gebieten (§ 38 Abs. 1 Nr. 1 StBAPO):

a) Allgemeines Abgabenrecht,
b) Steuern vom Einkommen und Ertrag,
c) Umsatzsteuer,
d) Buchführung und Bilanzwesen,
e) Steuererhebung **oder** Staats- und Verwaltungskunde.

Zum Beginn der Ausbildung werden oftmals keine Klausuren geschrieben, sondern die Wissensüberprüfung erfolgt in allen Prüfungsfächern durch das Beantworten von Testaufgaben. Im Fach Bewertungsrecht und Vermögensbesteuerung wird i.d.R. im 2. fachtheoretischen Ausbildungsabschnitt diese Art der Wissenskontrolle durchgeführt. In **Teil A** des Buches haben die Anwärter die Möglichkeit, diese besondere Art der Wissensabfrage anhand von Testfragen nach dem Multiple-choice-Verfahren zu üben.

Im weiteren Verlauf der Ausbildung und insbesondere bei der schriftlichen Prüfung ist das Anfertigen von Klausuren wesentlicher Bestandteil der Erfolgskontrolle. **Teil B** des Buches enthält ausgewählte Klausuren, die als Übungs- bzw. Prüfungsklausuren zur effektiven Prüfungsvorbereitung unerlässlich sind.

Durch das Üben der Klausuren soll ein Zeitgefühl vermittelt werden, da jede Klausur unter einer Zeitbegrenzung gelöst werden muss. Sie sollten daher versuchen, die Klausuren innerhalb der vorgegebenen Zeit und nur mit den vorgegebenen Hilfsmitteln zu lösen

Bevor Sie mit der Bearbeitung der Klausuren beginnen, empfehlen wir Ihnen, unsere Anleitung zur Anfertigung von Klausurlösungen zu beachten. Hierbei werden wichtige Tipps zum Aufbau und zur Begründung der Lösungsschritte gegeben.

Den Abschluss der Ausbildung bildet die mündliche Prüfung. In **Teil C** dieses Buches haben wir deshalb Prüfungsgespräche der wichtigsten Prüfungsfächer in Form von Protokollen aufgenommen.

Alle Testfragen, Klausuren und Prüfungsfragen entsprechen dem neuesten Rechtsstand.

In der Hoffnung, dass dieser Band eine wertvolle Hilfe für Sie darstellt, wünschen wir Ihnen für Ihre Laufbahnprüfung viel Erfolg. Für Anregungen und Kritik ist der Verlag jederzeit dankbar.

Die 4. Auflage wurde komplett überarbeitet und inhaltlich aktualisiert.

Edenkoben, im Juli 2020   **Die Autoren**

Bearbeiterübersicht

Inhaltsverzeichnis

Abkürzungsverzeichnis

AB	Anfangsbestand
Abs.	Absatz
Abschn.	Abschnitt
AEAO	Anwendungserlass zur Abgabenordnung
AfA	Absetzung für Abnutzung
AG	Aktiengesellschaft
AK	Anschaffungskosten
Alt.	Alternative
AN-PB	Arbeitnehmerpauschbetrag
AO	Abgabenordnung
Art.	Artikel
BA	Betriebsausgabe
BE	Betriebseinnahme
Begr.	Begründung
BGB	Bürgerliches Gesetzbuch
BMF	Bundesministerium der Finanzen
BMG	Bemessungsgrundlage
BStBl	Bundessteuerblatt
Buchst.	Buchstabe
BV	Betriebsvermögen
d.h.	das heißt
EG	Erdgeschoss
EntfP	Entfernungspauschale
ESt	Einkommensteuer
EStDV	Einkommensteuer-Durchführungsverordnung
EStG	Einkommensteuergesetz
EStH	Einkommensteuer-Hinweise
EStR	Einkommensteuer-Richtlinien
EÜR	Einnahmen-Überschuss-Rechnung
FA	Finanzamt
ff.	fortfolgende
FVG	Gesetz über die Finanzverwaltung
GdE	Gesamtbetrag der Einkünfte
gem.	gemäß
GG	Grundgesetz
GmbH	Gesellschaft mit beschränkter Haftung
GruBo	Grund und Boden
G + V	Gewinn- und Verlustrechnung
GWG	Geringwertige Wirtschaftsgüter

H	Hinweis
HGB	Handelsgesetzbuch
HS	Halbsatz
i.d.R.	in der Regel
i.H.v.	in Höhe von
i.S.d.	im Sinne des
i.S.v.	im Sinne von
i.V.m.	in Verbindung mit
KG	Kommanditgesellschaft
Kj.	Kalenderjahr
lfd.	laufend
LSt	Lohnsteuer
LStR	Lohnsteuer-Richtlinie
lt.	laut
MwSt	Mehrwertsteuer
n.F.	neue Fassung
ND	Nutzungsdauer
Nr.	Nummer
o.g.	oben genannt
OG	Obergeschoss
OHG	Offene Handelsgesellschaft
R	Richtlinie
Rz.	Randziffer
s./S.	siehe/Satz
SBK	Schlussbilanzkonto
s.o.	siehe oben
sog.	sogenannte/r
SolZ	Solidaritätszuschlag
StBAG	Steuerbeamten-Ausbildungsgesetz
StBAPO	Ausbildungs- und Prüfungsordnung für die Steuerbeamten
stpfl.	steuerpflichtig
Stpfl.	Steuerpflichtiger
SV	Sachverhalt
u.a.	unter anderem
USt	Umsatzsteuer
UStAE	Erlass zur Anwendung des UStG
UStG	Umsatzsteuergesetz
V + V	Vermietung und Verpachtung

vgl.	vergleiche
VollstrA	Vollstreckungsanweisung
VollzA	Vollziehungsanweisung
VSt	Vorsteuer
VZ	Veranlagungszeitraum
WEB	Wareneingangsbestand
WEK	Wareneingangskonto
WK	Werbungskosten
WVK	Warenverkaufskonto
z.B.	zum Beispiel
zzgl.	zuzüglich
V + V	Vermietung und Verpachtung
vgl.	vergleiche
VollstrA	Vollstreckungsanweisung
VollzA	Vollziehungsanweisung
VSt	Vorsteuer
VZ	Veranlagungszeitraum
WEB	Wareneingangsbestand
WEK	Wareneingangskonto
WK	Werbungskosten
WVK	Warenverkaufskonto
z.B.	zum Beispiel
zzgl.	zuzüglich

Anleitung zur Lösung von Klausuren

A.   Bestandteile der Klausur

Ein Klausurtext enthält in der Regel Sachverhalt, Aufgabenstellung, Bearbeitungshinweise und Anlagen.

Verschaffen Sie sich zunächst einen Überblick über sämtliche Teile der Klausur. Sollte die Arbeit aus mehreren völlig selbständigen Fällen bestehen, so ist die Reihenfolge der Bearbeitung in Ihr Belieben gestellt.

B.   Erarbeiten der Aufgabe

1.   Sachverhalt lesen

Lesen Sie vollständig und gründlich den Sachverhalt (Fallschilderung oder Aktenauszug). Versuchen Sie nicht, den Fall sogleich zu lösen.

2.   Erfassen der Fragestellung

Lesen Sie genau die Fragestellung und die Bearbeitungshinweise. Beantworten Sie nur die tatsächlich gestellten Fragen. Gehen Sie nicht auf Probleme ein, nach denen gar nicht gefragt ist. Sie verlieren dadurch nur Zeit und schaffen zusätzliche Fehlerquellen.

3.   Das zweite Lesen des Sachverhalts

Nachdem Sie die Fragestellung erfasst haben und das Ziel der verlangten Lösungen kennen, lesen Sie den Sachverhalt nochmals unter Berücksichtigung der Fragestellung durch, wobei Sie komplizierte Sachverhalte wie folgt ordnen sollten:

- die Sachverhalte, die Ihrer Ansicht nach auf jeden Fall rechtserheblich für die Lösung sind, und
- die Sachverhalte, deren Bedeutung Sie noch nicht einschätzen können.
- Bei mehreren Beteiligten oder bei mehreren Orten oder bei mehreren Lieferungen oder Rechtsbeziehungen fertigen Sie eine Skizze an.

Mit dem zweiten Lesen ist die Arbeit am Sachverhalt noch nicht abgeschlossen. Sie müssen auch bei Ihren folgenden rechtlichen Überlegungen und beim Niederschreiben Ihrer Lösung immer wieder den Sachverhalt und die Fragestellung heranziehen.

C.   Erarbeiten der Lösung

Sind Sie sich über Sachverhalt und Aufgabenstellung im Klaren, so brauchen Sie noch nicht die Lösung sofort bei der Hand zu haben. Die Aufgaben sind gewöhnlich so gewählt, dass sie Nachdenken erfordern. Sie haben deshalb keinen Grund zur Unruhe, wenn Sie eine gestellte Frage nicht sofort beantworten können. Gehen Sie vielmehr ruhig und überlegt an die Lösung heran.

1.   Aufbau und Darstellung

Fertigen Sie wegen der beschränkten Zeit nicht zuerst eine Lösung im Konzept und dann in Reinschrift an, sondern beginnen Sie, wenn Ihnen der Lösungsweg in Gedanken klar ist, sogleich mit der Niederschrift.

Bearbeiten Sie die Fragen in der vorgegebenen Reihenfolge, da die Aufgabenteile häufig logisch aufeinander aufbauen. Wenn die Aufgabe eine bestimmte Gliederung der Lösung vorschreibt, halten Sie sich an diese Gliederung.

Gliedern Sie Ihre Lösung durch Überschriften, damit der Korrektor sofort erkennt, welche Sachverhalte bzw. Vorschriften Sie prüfen. Ebenso ist es zweckmäßig, die Gliederung des Aufgabentextes nach Ziffern oder Buchstaben in die Lösung zu übernehmen.

Stellen Sie kurz vor Abgabe fest, dass in Ihrer Lösung ein Fehler enthalten ist, so sollten Sie dies in der Arbeit auf alle Fälle kenntlich machen, auch wenn es Ihnen zeitlich nicht mehr gelingt, die entsprechenden Folgeänderungen durchzuführen.

2.   Das Auffinden der Vorschrift

Ihre Aufgabe besteht darin, den Lebenssachverhalt unter bestimmte Rechtsnormen zu subsumieren, um entscheiden zu können, ob und welche Rechtsfolgen die Sachverhaltselemente nach sich ziehen. Sie müssen daher zunächst die gesetzlichen Bestimmungen und Verwaltungsanweisungen finden und erörtern, ob sie für die Lösung erheblich sind oder sein können.

Fällt Ihnen keine passende Bestimmung ein, helfen Ihnen die Überschriften zu den Abschnitten der in Betracht kommenden Gesetze sowie die Sachregister der Gesetze und der Richtlinien. Lesen Sie auch die Normen, auf die verwiesen wird.

3.   Prüfung und Anwendung der Normen

Nachdem Sie nun die Vorschriften gefunden haben, die für Ihre Lösung bedeutsam sein könnten, beginnt Ihre eigentliche Arbeit: Sie prüfen anschließend, ob alle Tatbestandsmerkmale der Norm durch den Lebenssachverhalt erfüllt sind (Subsumtion).

Glauben Sie nicht, dass Sie den Wortlaut irgendeiner Norm auswendig kennen. Überprüfen Sie Ihr Wissen durch Nachlesen der Norm. Ihr Argument, Sie hätten in der Klausur keine Zeit zum Nachlesen, zeigt nur, dass Sie ohne Konzept an die Lösung herangehen, nicht exakt arbeiten wollen und bereit sind, viele vermeidbare Fehler in Ihre Lösung aufzunehmen. Beschränken Sie Ihre Untersuchung auf das Wesentliche.

Was Sie erörtern, muss zu der gestellten Frage in Beziehung stehen und der Lösung dienen. Sie sollten nicht zeigen, was Sie alles wissen. Sie sollten nur zeigen, dass Sie:
*   die Frage verstanden und
*   das Problem erkannt haben,
*   die Lösung geben und
*   diese auch begründen können.

4.   Die schlüssige Begründung

Zur richtigen Lösung gehört, dass Sie schlüssig (folgerichtig) darlegen, warum die geprüfte Norm zutrifft oder nicht anzuwenden ist. Der Sachverhalt wird als bekannt vorausgesetzt und braucht von Ihnen nicht wiederholt zu werden. Sie müssen Ihre Lösung begründen, sonst ist sie fehlerhaft. Es genügt nicht, einfach Behauptungen niederzuschreiben.

Die Begründung geben Sie dadurch, dass Sie die oben beschriebene Subsumtion auch schriftlich in Ihrer Lösung durchführen. Hierbei muss auf die Beziehung der jeweiligen Teile des Sachverhalts zu dem maßgeblichen Tatbestandsmerkmal eingegangen werden.

Liegt ein Tatbestandsmerkmal zweifelsfrei vor, ist die Begründung knapp, dagegen muss die Begründung bei Zweifeln ausführlicher sein. Wenn Sie unsicher sind, erörtern Sie alle Tatbestandsmerkmale.

Begründen Sie Ihre Lösung mit einem genauen Zitat gesetzlicher Vorschriften. Hat der Steuerpflichtige bestimmte Ansichten geäußert, muss in der Begründung darauf eingegangen werden.

5.   Das Überarbeiten der Lösung

Wenn Sie eine Lösung niedergeschrieben haben, müssen Sie sie darauf überprüfen, ob Ihre Aussage nicht in Widerspruch zu Ihren früheren oder späteren Aussagen in der Lösung steht.

Führt Ihre Lösung dazu, dass Sie größere Teile des Klausurfalles „abschneiden", d.h., dass es auf diese gar nicht mehr ankommt, so sollten Sie noch einmal genau überdenken, ob Ihre Lösung richtig ist. Nur ausnahmsweise sollten Sie zu einem Hilfsgutachten kommen, d.h. erörtern, wie der Fall zu lösen wäre, wenn Sie die entscheidende, die Fall-Lösung abschneidende Vorschrift anders anwenden bzw. auslegen würden.

Auch bei rechnerischen Ergebnissen sollten Sie prüfen, ob Ihr Ergebnis stimmen kann.

Sollten Sie wesentlich vor Abgabeschluss mit der Klausurbearbeitung fertig sein, so überprüfen Sie noch einmal genau, ob Sie nichts übersehen haben.

Schlussbemerkung

Diese Anleitung allein kann Sie nicht befähigen, gute Klausuren zu schreiben. Dazu gehört eine gewisse Sicherheit des steuerlichen Wissens und auch eine Arbeitstechnik, die nur durch ständiges Üben erworben werden kann. Es ist deshalb zwingend erforderlich, über die offiziellen Übungsklausuren während der Ausbildung hinaus viele weitere Klausuren und Fälle zu lösen, wobei Ihnen der vorliegende Band eine wertvolle Hilfe sein soll.

A. Testfragen

I. Testfragen aus dem Fach Einkommensteuer

1. Welche Aussage(n) ist/sind zutreffend?

A) Das EStG ist für Steuerpflichtige, Verwaltung und Gerichte verbindlich.

B) Die EStDV ist nur für die Verwaltung verbindlich.

C) Die EStR sind für die Verwaltung und die Gerichte verbindlich.

D) Die LStR sind nur für lohnsteuerpflichtige Arbeitnehmer verbindlich.

E) Keine der vorstehenden Aussagen ist zutreffend.

2. In welchen Fällen **beginnt** und/oder **endet** die persönliche unbeschränkte Steuerpflicht im Veranlagungszeitraum 2019?

A) Ein wohnungsloser Stadtstreicher aus Edenkoben zieht am 27.01.2019 nach Florida, um dort seinen Ruhestand zu genießen.

B) Ein Architekt aus Mannheim eröffnet nach erfolgreich abgelegtem Studium und Praktikum am 08.06.2019 ein Büro in Heidelberg.

C) Ein griechischer Gastwirt in Athen erwirbt im Februar 2018 ein zu vermietendes Ferienhaus auf der Insel Rügen.

D) Ein im Jahre 2000 nach Südafrika ausgewanderter Goldsucher kehrt am 21.01.2019 nach Deutschland zurück.

E) Ein amerikanischer Künstler arbeitet vom 07.03.2019–30.11.2019 in Edenkoben und wohnt in einer angemieteten Ferienwohnung.

3. Welche Steuerzahlungen stellen im Veranlagungszeitraum 2019 in **vollem Umfang** Betriebsausgaben oder Werbungskosten dar?

A) Kfz-Steuer für ein Fahrzeug, das ausschließlich privat verwendet wird.

B) Erbschaftsteuer eines Freiberuflers.

C) Kirchensteuer eines Rentners.

D) Grundsteuer für ein Grundstück, das nicht der Einkunftserzielung dient.

E) Keine der vorstehenden Aussagen ist zutreffend.

4. In welchen Fällen sind die Vorschriften des § 11 EStG **grundsätzlich** zu beachten?

A) Für Betriebseinnahmen bei der Ermittlung des Gewinns durch Betriebsvermögensvergleich nach § 4 Abs. 1 EStG.

B) Für Betriebsausgaben bei Ermittlung des Gewinns durch Einnahme-Überschussrechnung gem. § 4 Abs. 3 EStG.

C) Für Einnahmen bei Ermittlung der Einkünfte aus Vermietung und Verpachtung nach § 21 EStG.

D) Für Werbungskosten.

E) Für Sonderausgaben.

5. Welche Aussage(n) ist/sind zutreffend?

A) Bei der Einzelveranlagung nach § 25 Abs. 1 EStG ist **immer** der Grundtarif anzuwenden.

B) Bei einer Ehegattenveranlagung ist **immer** der Splittingtarif anzuwenden.

C) Bei der Zusammenveranlagung ist **immer** der Splittingtarif anzuwenden.

D) Bei der Einzelveranlagung von Ehegatten nach § 26a EStG kann bei dem einen Ehegatten der Grundtarif und bei dem anderen der Splittingtarif angewendet werden.

E) Keine der vorstehenden Aussagen treffen zu.

6. Welche Aussage(n) über die einkommensteuerliche Behandlung der Lohnsteuer ist/sind zutreffend?

A) Die Lohnsteuer ist bei der Ermittlung der Einkünfte aus nichtselbstständiger Arbeit abzugsfähig.

B) Die Lohnsteuer ist auf die Einkommensteuer anzurechnen.

C) Die Lohnsteuer ist bei der Ermittlung des zu versteuernden Einkommens abzugsfähig.

D) Die Lohnsteuer kann nicht auf die Einkommensteuer angerechnet werden.

E) Die Lohnsteuer ist bei der Ermittlung des Einkommens nicht abzugsfähig.

7. Der in Edenkoben wohnhafte ledige Arbeitnehmer Ede hatte im Veranlagungszeitraum 2019 neben seinem Bruttoarbeitslohn von 30.000 € (keine Werbungskosten nachgewiesen) noch Einnahmen aus Kapitalvermögen von 3.000 €. Lohnsteuer wurde i.H.v. 3.500 €, Kapitalertragsteuer wurde i.H.v. 750 € (25 % von 3.000 €) einbehalten.

Welche der nachfolgenden Aussage(n) ist/sind richtig?

A) Für die Ermittlung der Einkommensteuer im Rahmen der Einkommensteuer-Veranlagung sind nur die Einkünfte aus § 20 EStG maßgebend. Der Bruttoarbeitslohn ist unbeachtlich.

B) Die Summe der Einkünfte von Ede beträgt 29.000 €.

C) Die Summe der Einkünfte von Ede beträgt 32.000 €.

D) Die einbehaltene Lohnsteuer von 3.500 € wird auf die Einkommensteuerschuld angerechnet.

E) Die Einkünfte aus § 19 EStG betragen 25.500 € und diejenigen aus § 20 EStG 1.449 €.

8. Welche Aussage(n) zum »Arbeitslohn« ist/sind richtig?

A) Arbeitslohn sind auch Bezüge und Vorteile, die einem Erben aus dem Dienstverhältnis des Erblassers gewährt werden.

B) Arbeitslohn liegt nur dann vor, wenn die Einnahmen aus dem Dienstverhältnis 1.000 € im Kalenderjahr übersteigen.

C) Nur wenn Einnahmen durch das Dienstverhältnis veranlasst sind, liegt Arbeitslohn vor.

D) Arbeitslohn kann entweder nur aus einem gegenwärtigen oder aus einem früheren Dienstverhältnis, nicht aber gleichzeitig aus mehreren solcher Dienstverhältnisse bezogen werden.

E) Keine der vorstehenden Aussagen ist zutreffend.

9. Herr Specht arbeitete bis zum 31.12.2019 bei der Kuckucksuhren GmbH. Seit dem 01.01.2020 hat er eine Arbeitsstelle bei der Holzschrank AG.

Welche der nachfolgenden Vorgänge führen zu Arbeitslohn bei Herrn Specht?

A) Die GmbH zahlt für jedes Jahr nachträglich an alle Beschäftigten eine Jahresprämie, die sich nach der Höhe des Betriebsergebnisses richtet. Herr Specht erhielt die Prämie für 2018 i.H.v. 100 € am 07.03.2020.

B) Zum Abschied schenkten ihm die Kollegen von der Kuckucksuhren GmbH einen wertvollen Sektkübel (Wert über 200 €).

C) Herr Specht hatte Anfang 2019 noch bei der Kuckucksuhren GmbH einen Verbesserungsvorschlag gemacht, der nach seiner Verwirklichung zu erheblichen Einsparungen führte. Die Geschäftsleitung der GmbH gewährte hierfür eine Prämie i.H.v. 10.000 €, die am 01.08.2020 ausgezahlt wurde.

D) Die Holzschrank AG wollte unbedingt, dass Herr Specht zu ihr wechselte. Dies machte sie auch dadurch schmackhaft, dass sie ihm bereits zu Beginn der Anstellung eine Schlafzimmereinrichtung im Wert von 2.999 € übergab.

E) Im neuen Betrieb gab Herr Specht eine kleine Einstandsfeier. Allerdings hatte er zu viel Sekt eingekauft. Diesen Sekt verkaufte er nach der Feier für 200 €.

10. Welche der nachfolgenden Aussage(n) ist/sind zutreffend?

A) Die tatsächlichen Werbungskosten werden bei der Ermittlung der Einkünfte aus nichtselbstständiger Arbeit immer nur dann angesetzt, wenn sie höher sind als der Arbeitnehmer-Pauschbetrag.

B) Ausgaben, die unter die »Mischkosten« fallen, können auf keinen Fall als Werbungskosten abgezogen werden.

C) Sind bei der Ermittlung der Einkünfte aus nichtselbstständiger Arbeit die tatsächlichen Werbungskosten niedriger als 1.000 €, ist immer der Arbeitnehmer-Pauschbetrag anzusetzen.

D) Die tatsächlich abzugsfähigen Werbungskosten dürfen den Arbeitslohn nicht übersteigen.

E) Keine der vorstehenden Aussagen trifft zu.

Richtige Antworten:

1.	A
2.	A, D und E
3.	E
4.	B, C, D und E
5.	C
6.	B und E
7.	B und D
8.	A und C
9.	A, C und D
10.	A

II. Testfragen aus dem Fach Abgabenordnung

1. Amtsträger sind folgende Personen:

A) Ein Steueranwärter.

B) Ein Steuerberater.

C) Ein Oberinspektor bei der Stadtverwaltung.

D) Ein angestellter Bote im Finanzamt.

    E) Ein beamteter Hausmeister im Finanzamt

2. Steuersekretär Hitzig (H) lässt die Steuerakten des in seinem Teilbezirk geführten Gewerbetreibenden Reich (R) in der Kantine des Finanzamtes München liegen.

Die Kantinenarbeiterin Putzig (P) verschafft sich bei dieser Gelegenheit einen Überblick über die finanziellen Verhältnisse des R. Abends teilt sie ihrem Ehemann mit, dass die finanzielle Lage des R sehr angespannt sei, da auch die Steuerschulden des R gestundet seien.

Herr Putzig ist als Sachbearbeiter in der Einheitswertstelle des Finanzamtes München beschäftigt. Am folgenden Tag erzählt er das Erfahrene seinen Mitarbeitern.

Welche Aussage(n) ist/sind richtig?

    A) H hat das Steuergeheimnis verletzt.

    B) H hat das Steuergeheimnis nicht verletzt, da er keinen Offenbarungswillen hatte.

    C) Frau P hat das Steuergeheimnis verletzt, da sie eine den Amtsträgern gleichgestellte Person ist (§ 30 Abs. 3 Nr. 1 AO).

    D) Da Herr P Amtsträger ist, konnte Frau P ihm gegenüber das Steuergeheimnis nicht verletzen.

    E) Herr P hat das Steuergeheimnis verletzt.

3. Welche Aussage(n) ist/sind richtig?

    A) Alle Fristen können verlängert werden.

    B) Alle behördlichen Fristen können verlängert werden.

    C) Alle gesetzlichen Fristen können verlängert werden.

    D) Steuererklärungsfristen sind nicht verlängerbar.

    E) Die Einspruchsfrist kann verlängert werden.

4. Der Einkommensteuerbescheid für das Kalenderjahr 15 wurde am 28.01.20 (Donnerstag) mit einfachem Brief zur Post gegeben.
Welche Aussage(n) ist/sind richtig?

    A) Der Einkommensteuerbescheid gilt am 31.01.20 als bekanntgegeben.

    B) Der Einkommensteuerbescheid gilt am 01.02.20 als bekanntgegeben.

    C) Die Einspruchsfrist endet mit Ablauf des 28.02.20 (Sonntag).

    D) Die Einspruchsfrist endet mit Ablauf des 02.03.20 (Montag).

    E) Die Einspruchsfrist ist eine gesetzliche Frist.

5. Welche Personen sind Angehörige des A?

    A) Die geschiedene Ehefrau des A.

    B) Die frühere Verlobte des A.

    C) Der Bruder von A's Vater.

    D) Die Ehefrau von A's Bruder.

    E) Die Ehefrau des Bruders von A's Vater.

6.   Welche Aussage(n) ist/sind zutreffend?

A) Säumniszuschläge sind bei einer verspäteten Abgabe der Einkommensteuererklärung festzusetzen.

B) Zwangsgelder dienen grundsätzlich der Erzwingung zur Abgabe von Steuererklärungen.

C) Verspätungszuschläge werden zum Ausgleich des Zinsvorteils bei einer gewährten Stundung erhoben

D) Der Solidaritätszuschlag ist eine steuerliche Nebenleistung i.S.d. § 3 Abs. 4 AO.

E) Steuern sind immer Geldleistungen.

Richtige Antworten:

1.	A, C und E
2.	A
3.	B
4.	B, D und E
5.	A, C und D
6.	B und E

III. Testfragen aus dem Fach Steuererhebung

1.   Welche Aussagen(n) ist/sind richtig?

A) Verwaltungsakte, die eine Handlung fordern, können vollstreckt werden.

B) Verwaltungsakte, die eine Geldleistung fordern, können vollstreckt werden.

C) Die Festsetzung von Zwangsgeld ist keine Vollstreckungsmaßnahme.

D) Nach Abgabe einer Steuererklärung ist das dafür festgesetzte Zwangsgeld weiter zu erheben.

E) Vollstreckt wird nur vom Vollziehungsbeamten.

2.   Welche Aussage(n) ist (sind) richtig?

A) Bei einer verspäteten Abgabe einer Umsatzsteuer-Voranmeldung entstehen immer automatisch Säumniszuschläge.

B) Bei einer verspäteten Abgabe einer Einkommensteuer-Erklärung entstehen Säumniszuschläge.

C) Eine Scheckzahlung an das Finanzamt erfolgt zwei Tage nach Ablauf des Fälligkeitstages. Der entstandene Säumniszuschlag wird nicht erhoben.

D) Die Umsatzsteuer-Voranmeldung für das I. Quartal wird am 02.04. beim Finanzamt eingereicht. Dauerfristverlängerung wurde nicht gewährt. Die dabei vorangemeldete Umsatzsteuer i.H.v. 2.000 € wird am selben Tag vom Steuerpflichtigen überwiesen und erst am 09.04. der Finanzbehörde gutgeschrieben. Es ist ein Säumniszuschlag von 20 € entstanden.

E) Keine der vorstehenden Aussagen trifft zu.

3. Unternehmer U reicht am 15.03.20 die Umsatzsteuer-Jahreserklärung 19 beim Finanzamt ein. Er erklärt dabei:

Umsätze 500.000 € × 19 % USt	95.000 €
Vorsteuer	./. 45.150 €
verbleiben	49.850 €
bereits vorangemeldet Januar bis Dezember 19	./. 48.800 €
verbleiben	1.050 €

Eine Dauerfristverlängerung lag nicht vor. Die Umsatzsteuer-Voranmeldung für Dezember 19 hat U erst am 15.03.20 beim Finanzamt eingereicht. Er erklärt darin eine Zahllast i.H.v. 4.000 €. Die Zahlung durch Überweisung erfolgt erst am 17.03.20 durch Gutschrift auf das Konto des Finanzamts.

Am 10.04.20 stellt das Finanzamt bei der Überprüfung der Umsatzsteuer-Jahreserklärung 19 einen Fehler fest. Es erhöht die Umsätze von bisher 500.000 € auf 502.000 €. Die Umsatzsteuer erhöht sich deshalb von 95.000 € auf 95.380 €.

A) Am 15.04.20 ist ein Betrag von 1.050 € fällig.

B) Am 15.04.20 ist ein Betrag von 5.050 € fällig.

C) Am 10.01.20 ist nach § 18 Abs. 1 Satz 3 UStG ein Betrag von 4.000 € fällig.

D) Wegen der verspäteten Zahlung der Umsatzsteuer-Vorauszahlung Dezember 19 am 17.03.20 entsteht ein Säumniszuschlag von 1 % von 4.000 € = 40 €.

E) Der Erhöhungsbetrag von 380 € ist bis zum 10.05.20 zu entrichten.

4. Welche Aussage(n) ist/sind richtig?

A) Der Steuerpflichtige ist mit der Zahlung der Einkommensteuer-Vorauszahlung für das IV. Quartal 20 i.H.v. 3.000 € rückständig. Die Verzinsung nach § 233a AO beginnt für den rückständigen Betrag von 3.000 € am 01.04.20.

B) Der Betrag wird nicht verzinst.

C) Der Einkommensteuer-Bescheid für das Kalenderjahr 18 wird am 15.05.20 bekannt gegeben. Die festgesetzte Einkommensteuer beträgt 10.000 €. Die festgesetzten Vorauszahlungen für das Kalenderjahr 19 belaufen sich auf jeweils 3.000 €. Davon wurde die Vorauszahlung für das IV. Quartal nicht entrichtet.

Die Einkommensteuer-Erstattung beträgt 2.000 €.

D) Die Einkommensteuer-Nachzahlung des in Auswahlantwort C) geschilderten Falles beträgt 1.000 €. Dieser Betrag ist sofort fällig.

E) Der Betrag von 1.000 € ist mit Ablauf des 15.06.20 fällig.

5. Bei der zulässigen Durchsuchung der Wohnung des Vollstreckungsschuldners findet der Vollziehungsbeamte:

- ein Bett,
- ein Sparbuch,
- ein Kontoauszug des Girokontos bei der Sparkasse mit einem Guthaben von 1.000 €,
- einen 200 €-Schein.

A) Alle Sachen werden durch Wegnahme gepfändet.

B) Nach der Pfändung des 200 €-Scheins wird die Reihenfolge der Tilgung vom Vollstreckungsschuldner bestimmt.

C) Der Kontoauszug ist im Wege einer Hilfspfändung zu pfänden.

D) Das Bett ist unpfändbar.

E) Das Sparbuch wird durch Wegnahme gepfändet.

Richtige Antworten:

1.	A und B
2.	E
3.	A, C und D
4.	B und D
5.	D

IV. Testfragen aus dem Fach Staatsrecht

1.   Zur Erfüllung des Staatsbegriffs

 A) ist die Gewaltenteilung Voraussetzung,

 B) genügt es, wenn der Träger der Staatsgewalt eine Einzelperson ist,

 C) muss die Staatsgewalt vom Volk ausgehen,

 D) muss das Element der Staatsgewalt vorhanden sein,

 E) gehört die „Nation".

2.   Wer wählt den Bundespräsidenten?

 A) Die Bundesversammlung.

 B) Der Bundestag.

 C) Ein Wahlgremium, in dem unter anderem alle Bundestagsabgeordneten vertreten sind.

 D) Bundestag und Bundesrat gemeinsam.

 E) Sämtliche Abgeordneten des Bundestages und der Landtage.

3. Die Demokratie im Sinne des Grundgesetzes

 A) ist eine unmittelbare Demokratie, weil die Abgeordneten des Bundestages in unmittelbarer Wahl gewählt werden.

 B) ist eine mittelbare Demokratie, weil der Bundespräsident durch die Bundesversammlung gewählt wird.

 C) ist eine parlamentarische Demokratie.

 D) ist keine Präsidialdemokratie, weil der vom Volk gewählte Bundestag den Regierungschef wählt.

 E) bedeutet, dass alle Staatsgewalt vom Volke ausgeht.

4. Nach dem Grundgesetz könnte(n)

 A) die Staatsform der Bundesrepublik Deutschland mit entsprechenden Mehrheiten von einer Republik in eine Monarchie umgewandelt werden.

B) die Staatsform der Bundesrepublik Deutschland nicht geändert werden, weil Art. 20 Abs. 1 i.V.m. Art. 79 Abs. 3 GG besagt, dass die Bundesrepublik Deutschland ein Bundesstaat ist.

C) die Verfassung mit entsprechenden Mehrheiten derart geändert werden, dass der Bundespräsident vom Volk direkt gewählt wird.

D) sich die Länder Rheinland-Pfalz, Saarland und Hessen aufgrund des Art. 79 Abs. 3 GG nicht zu einem Bundesland zusammenschließen.

E) die Mitwirkung der Länder bei der Gesetzgebung ausgeschlossen werden.

5. Welche Aussage(n) ist (sind) zutreffend?

A) Die Bundesrepublik Deutschland ist eine Präsidialdemokratie.

B) Die Bundesrepublik Deutschland ist eine Demokratie, weil ein gewähltes Staatsoberhaupt an der Spitze des Staates steht.

C) Die Bundesrepublik Deutschland ist eine parlamentarische Demokratie, weil die Regierung vom Parlament abhängig ist.

D) In der Bundesrepublik Deutschland geht die Staatsgewalt unmittelbar vom Volk durch Abstimmungen aus.

E) Die Bundesrepublik Deutschland ist ein Staatenbund, da sie in eigenständige Gliedstaaten unterteilt ist.

Richtige Antworten:

1.	B und D
2.	A und C
3.	C, D und E
4.	B und C
5.	C

V. Testfragen aus dem Fach Buchführung

1. Welche Aussage(n) ist/sind richtig?
   A) Die Buchführung gibt dem Unternehmer Aufschlüsse über innerbetriebliche Vorgänge.
   B) Die Buchführung ist nur für das Finanzamt von Bedeutung.
   C) Die Buchführung ist steuerrechtlich ohne Bedeutung.
   D) Auch das Handelsgesetzbuch enthält Vorschriften über die Buchführung.
   E) Die Buchführung liefert das Zahlenmaterial, z.B. für die Erstellung der Umsatzsteuererklärung.

2. Das Eigenkapital beträgt ./. 80.000 €, die Bilanzsumme beträgt 200.000 €.
   Welche Aussage(n) ist/sind richtig?
   A) Die Bilanzsumme beträgt auf der Aktivseite 120.000 € und auf der Passivseite 200.000 €.
   B) Die Summe der Schuldposten beträgt 200.000 €.
   C) Die Bilanzsumme der Aktivseite beträgt 280.000 €.
   D) Die Bilanzsumme der Aktiv- und Passivseite beträgt jeweils 200.000 €.
   E) Das Eigenkapital von ./. 80.000 € steht auf der Passivseite der Bilanz.

3. Sachverhalt zu den **nächsten fünf** Fragen.

Das Autohaus „TOPCAR" in Mainz ermittelte bei der Inventur zum 31.12.20 die folgenden Bestände:

a)	Geschäftshaus in Mainz	
	– Gebäude	750.000 €
	– Grund und Boden	280.000 €
b)	Geschäfts-Pkw	
	(100 % betriebliche Nutzung)	40.000 €
c)	Geschäftsausstattung	10.000 €
d)	150 Pkw, die zum Verkauf bereit stehen	3.000.000 €
e)	Betriebliches Bankkonto	./. 400.000 €
f)	Kassenbestand	2.000 €
g)	Lieferantenschulden	30.000 €
h)	Betriebliches Darlehen	1.000.000 €

Zusätzliche Angaben für das Geschäftsjahr 20:
- Reinvermögen zum 31.12.19 = ./. 100.000 €.
- Es wurden monatlich 2.000 € vom betrieblichen Bankkonto auf das private Bankkonto überwiesen.
- Im Juni wurden 8.000 € bei der „Goldenen Lotterie" gewonnen. Dieser Geldbetrag wurde auf das betriebliche Bankkonto überwiesen.

3.1 Welche Aussage(n) zum Sachverhalt trifft/treffen zu?
- **A)** Der Kassenbestand wurde durch körperliche Inventur ermittelt.
- **B)** Die Lieferantenschulden wurden durch körperliche Inventur ermittelt.
- **C)** Die Darlehensschulden wurden durch buchmäßige Inventur ermittelt.
- **D)** Der Gesamtwert des Anlagevermögens zum 31.12.20 beträgt 1.080.000 €.
- **E)** Der Gesamtwert des Anlagevermögens zum 31.12.20 beträgt 4.082.000 €.

3.2 Welche Aussage(n) zum Sachverhalt trifft/treffen zu?
- **A)** Die Bilanzsumme zum 31.12.20 beträgt 2.625.000 €
- **B)** Die Bilanzsumme zum 31.12.20 beträgt 4.082.000 €
- **C)** Die Bilanzsumme zum 31.12.20 beträgt 4.482.000 €
- **D)** Das Kapital zum 31.12.20 ist negativ.
- **E)** Das Kapital zum 31.12.20 beträgt 2.652.000 €

3.3 Die Summe der Privatentnahmen für das Jahr 20 beträgt:
- **A)** 2.000 €
- **B)** 0 €
- **C)** ./. 24.000 €
- **D)** 24.000 €
- **E)** Kein Wert ist zutreffend.

3.4 Für das Jahr 20 ergibt sich eine Betriebsvermögensänderung i.H.v.:
- **A)** ./. 2.752.000 €
- **B)** ./. 100.000 €
- **C)** 2.752.000 €
- **D)** 2.652.000 €
- **E)** ./. 4.082.000 €

3.5 Der Gewinn für das Jahr 20 beträgt:

A)	./. 100.000 €
B)	2.768.000 €
C)	4.082.000 €
D)	./. 2.736.000 €
E)	2.736.000 €

4. Ein Buchungssatz lautet:

Kasse   10.000 €   an   Kundenanzahlung   10.000 €

Welche Aussage(n) trifft/treffen zu?

A) Es liegt ein Aktiv-Passiv-Tausch vor.
B) Der Buchungssatz mindert den Gewinn um 10.000 €.
C) Auf dem Konto Kasse werden 10.000 € im Haben gebucht.
D) Die Bilanzsumme erhöht sich um 10.000 €.
E) Das Konto Kundenzahlung ist ein passives Bestandskonto.

5. Welche Aussage(n) zu dem folgenden Buchungssatz trifft/treffen zu?

Privatentnahme	5.000 €	an	Kasse	1.800 €
Kfz-Kosten	800 €		Bank	4.000 €

A) Der Gewinn mindert sich um 800 €.
B) Der Buchungssatz ist erfolgsneutral.
C) Das Betriebsvermögen wird um 5.800 € gemindert.
D) Das Betriebsvermögen bleibt unverändert.
E) Es liegt eine Betriebsvermögens-Umschichtung vor.

Richtige Antworten:

1.	A, D und E
2.	B und D
3.1	A, C und D
3.2	B und E
3.3	D
3.4	C
3.5	B
4.	A, D und E
5.	A und C

VI. Testfragen aus dem Fach Umsatzsteuer

1. Die Umsatzsteuer ist:
   A) eine direkte Steuer, weil der Endverbraucher die Umsatzsteuer direkt mit dem Verkaufspreis an den Unternehmer zahlt.
   B) eine indirekte Steuer, weil der Steuerschuldner der Endverbraucher ist.
   C) eine Gemeinschaftssteuer.
   D) eine Gemeinschaftssteuer, weil der Endverbraucher und der Unternehmer gemeinschaftlich die Umsatzsteuer tragen.
   E) eine Verkehrsteuer.

2. Welche Aussage(n) ist/sind richtig?
   A) Eine Leistung ist steuerbar, wenn sie gegen Entgelt ausgeführt wird.
   B) Eine Leistung ist steuerbar, wenn die Voraussetzungen des § 1 Abs. 1 Nr. 1 UStG vorliegen.
   C) Eine Leistung ist steuerbar, wenn sie von einem Unternehmer ohne Entgelt in Mannheim ausgeführt wird.
   D) Ein steuerbarer Umsatz kann auch dann vorliegen, wenn kein Leistungsaustausch gegeben ist.
   E) Eine Leistung ist nicht steuerbar, wenn der Leistende keine gewerbliche oder berufliche Tätigkeit selbstständig ausübt.

3. Unternehmer ist:
   A) wer als Arbeitnehmer nebenher eine Hausgehilfin beschäftigt und dafür Arbeitslohn zahlt.
   B) wer nachhaltig tätig ist.
   C) wer eine nachhaltige Tätigkeit ohne Einnahmeerzielungsabsicht selbstständig ausübt.
   D) auch ein fünfjähriges Kind, das ein Haus geerbt hat und daraus Mieteinnahmen erzielt.
   E) ein Dozent der Landesfinanzschule, der nebenher, gegen Honorar, schriftstellerisch tätig ist.

4. Welche Aussage(n) ist/sind richtig?
   A) Eine Lieferung ist eine Leistung.
   B) Leistungen sind Lieferungen und sonstige Leistungen.
   C) Sonstige Leistungen sind Leistungen, die keine Lieferungen sind.
   D) Eine sonstige Leistung gilt mit Verschaffung der Verfügungsmacht als ausgeführt.
   E) Der selbständig tätige Architekt Boris Plana erbringt mit dem Erstellen eines Bauplans eine sonstige Leistung.

5. Welche Aussage(n) ist/sind richtig?
   A) Eine steuerfreie Leistung ist nicht steuerbar.
   B) Eine nicht steuerbare Leistung kann steuerfrei sein.
   C) Eine steuerbare Leistung ist steuerpflichtig oder steuerfrei.
   D) Eine steuerpflichtige Leistung ist immer steuerbar.
   E) Eine Leistung ist deshalb steuerfrei, weil sie nicht gegen Entgelt ausgeführt wird.

Richtige Antworten:

1.	C und E
2.	B, D und E
3.	D und E

4.	A, B, C und E
5.	C und D

VII. Testfragen aus dem Fach Bewertungsrecht und Vermögensbesteuerung

1. Die Erbschaftsteuer ist eine:
   A) direkte Steuer.
   B) indirekte Steuer.
   C) nicht laufend veranlagte Steuer.
   D) Sachsteuer.
   E) Bundessteuer.

2. Zur gesetzlichen Erbfolge gehören die Begriffe:
   A) Testament.
   B) Einheitswert.
   C) Fiskus.
   D) Ordnungssystem.
   E) Eintrittsrecht.

3. Welche Aussage(n) ist/sind richtig?
   A) Die Kinder des Erblassers gehören nach der gesetzlichen Erbfolge zur 2. Ordnung.
   B) Die Ehefrau des Erblassers gehört nach der gesetzlichen Erbfolge zur 1. Ordnung.
   C) Die Großeltern des Erblassers gehören im Rahmen der Erbschaftsteuerveranlagung zur Steuerklasse II.
   D) Die Kinder des Erblassers erhalten im Rahmen der Erbschaftsteuerveranlagung immer einen Versorgungsfreibetrag.
   E) Im Rahmen einer Erbschaftsteuerveranlagung gibt es keinen Grundfreibetrag.

4. Wilfried und Margot aus Landau sind verheiratet und haben keine Kinder. Am 25.07.2020 stirbt Wilfried. Alleinerbin ist Margot. Zum Nachlass gehören:
   • Grundvermögen mit einem erbschaftsteuerlichen Wert von 1.450.000 €.
   • Übriges Vermögen mit einem erbschaftsteuerlichen Wert von 300.000 €.
   Welche Aussage(n) ist/sind richtig?
   A) Der steuerpflichtige Erwerb beträgt 983.700 €.
   B) Der steuerpflichtige Erwerb beträgt 1.176.700 €.
   C) Die Erbschaftsteuer beträgt 330.543 €.
   D) Die Erbschaftsteuer beträgt 223.573 €.
   E) Die Erbschaftsteuer beträgt 186.903 €.

5. Welche Aussage(n) für die Bedarfsbewertung des Grundvermögens ist/sind zutreffend?
   A) Die wirtschaftliche Einheit im Grundvermögen nennt sich Grundstück.
   B) Für die Bedarfsbewertung der unbebauten Grundstücke ist der Bodenrichtwert keine Berechnungsgrundlage.
   C) Bebaute Grundstücke werden i.d.R. im sog. Einheitswertverfahren bewertet.

D) Bei der Bewertung bebauter Grundstücke kann Grundlage zugleich die tatsächliche und die übliche Miete sein.

E) Unbebaute Grundstücke können im Sachwertverfahren zu bewerten sein.

Richtige Antworten:

1.	A und C
2.	C, D und E
3.	E
4.	A und E
5.	A und D

B. Klausuren

Fall 1:

Übungsklausur aus dem Fach Einkommensteuer

Themenkreis: Steuerpflicht, Veranlagungsart, Tarif, Einkünfte nach § 19, § 20 und § 21 EStG
Schwierigkeitsgrad: 1. fachtheoretischer Ausbildungsabschnitt
Bearbeitungszeit: 2 Stunden
Hilfsmittel: Beck'sche Bände
- Steuergesetze
- Steuerrichtlinien

I. Sachverhalt

Max Euler (ME) ist seit dem Kalenderjahr 11 mit seiner Ehefrau, Helena Euler (HE), verheiratet. Beide leben in einem Einfamilienhaus in Kaiserslautern. Als ME im Kalenderjahr 19 auf einer beruflichen Fortbildung in Paris, deren Kosten unstreitig 500 € betragen, weilt, lernt er die in Paris lebende Französin Marie Lomme (ML) kennen und lieben. ME beschließt daraufhin, sich von HE scheiden zu lassen und zieht am 20.06.19 aus dem gemeinsamen Einfamilienhaus in ein kleines Appartement eine Straße weiter um. Die Scheidung von HE und ME erfolgt am 03.11.19. Während eines zweiwöchigen Aufenthaltes von ML in Kaiserslautern macht ME ihr am 29.12.19 einen Antrag, den ML entgegennimmt. Die standesamtliche Hochzeit findet kurzerhand am 02.01.20 statt. Im Anschluss fährt ML zurück nach Paris, um ihren Job sowie die Wohnung in Paris zu kündigen. Da dies einige Zeit in Anspruch nimmt, zieht ML bei ME erst am 08.02.20 ein.

Trotz der Verärgerung über das neue Glück des ME haben HE und ME eine gemeinsame Einkommensteuererklärung für das Kalenderjahr 19 abgegeben, in der beide die Zusammenveranlagung gewählt haben.

Einkommensverhältnisse 19

ME:

ME ist seit Jahren Gesellschafter-Geschäftsführer bei der „Eulen-packen-alles"-GmbH. Aus dieser Beschäftigung erhält ME einen monatlichen Nettoarbeitslohn in Höhe von 1.835 € nach Abzug von Sozialversicherungsbeiträgen i.H.v. 615 € und Steuern i.H.v. 550 €. Der Arbeitgeber musste zusätzlich für ME einen Anteil für Sozialabgaben i.H.v. 580 € abführen. ME ist aufgrund seiner Geschäftsführung häufig unterwegs. Aus diesem Grund stellt ihm die GmbH ein Fahrzeug zur Verfügung, einen neuen BMW. Das Fahrzeug wird ihm erstmals ab 02.10.19 zur Verfügung gestellt. Der steuerliche Vorteil für dieses Fahrzeug beträgt monatlich 500 €.

ME muss als Geschäftsführer häufig Vorträge halten. Aus diesem Grund hat sich ME in 19 einen Laptop besorgt. Bestellt wurde der Laptop am 30.08.19. Das Gerät wird am 30.09.19 geliefert. Den Kaufpreis in Höhe von 980 € brutto begleicht ME am 05.12.19. Den Laptop nutzt ME unstreitig zu 50 % beruflich; die allgemeine Verwendungsdauer beträgt drei Jahre.

Zu seiner Arbeitsstätte hat es ME nicht sehr weit. An 180 Tagen im Jahr läuft ME durch die Fußgängerzone der Stadt Kaiserslautern, um stets mit frischen Brötchen versorgt zu sein. Die Fußstrecke beträgt 1,6 km. An den anderen 30 Arbeitstagen ist ME mit dem Auto gefahren (kürzeste Straßenverbindung beträgt 0,5 km).

Da ME im Jahr 19 erfolgreich bei der Fernsehsendung eine halbe Million € gewinnt, beschließt er, dieses Geld zu investieren. Unter finanzieller Mithilfe seiner Bank erwirbt er ein vor sechs Jahren neu errichtetes Einfamilienhaus zum Kaufpreis von 500.000 €, was eigentlich nur dem Verkehrswert des Gebäudes entspricht. ME beabsichtigt, das Haus, welches auf einem 500 m²-Grundstück belegen ist, zu vermieten. Der m²-Preis für Grundstücke in dieser Gegend liegt laut einem Gutachterausschuss bei 250 €. Es erfolgen am:
- 05.05.19   Termin beim Notar bezüglich Abschluss des Kaufvertrages,

- 30.06.19 Übergang Besitz, Nutzen und Lasten,
- 05.07.19 erstmalige Vermietung,
- 05.08.19 Eintragung des Eigentums im Grundbuch.

Im Zusammenhang mit dem Kauf des Gebäudes entstanden M folgende Aufwendungen, deren Zahlungen mit Ausnahmen im Jahr 19 erfolgen:

Grunderwerbsteuer	17.500 €
Notargebühren Kaufvertrag	4.000 €
Darlehensauszahlung	200.000 €
Notargebühren Hypothekenbestellung	2.000 €
Grundbuchamt für Eigentumsänderung (Zahlung erfolgte in 20)	300 €
Grundbuchamt für Eintragung Hypothek (Zahlung erfolgte in 20)	200 €

ME verlangt von seinem Mieter eine monatliche Kaltmiete von 1.200 €. An Umlagen fallen zusätzlich noch 200 € an.

An Ausgaben im Zusammenhang mit dem Objekt fallen in 19 an:

Fahrtkosten (Kontrollfahrten)	100 €
Fahrtkosten (vor Erwerb zwecks Besichtigung)	100 €
Grundsteuer	300 €
Tilgungsleistungen betreffend Darlehen	10.000 €
Schuldzinsen betreffend Darlehen	2.000 €
Gebäudeversicherungen	400 €
Beitrag Haus- und Grundbesitzerverein	50 €

ME ist seit Jahren zu 10 % an einer KG beteiligt. Die KG hat im Veranlagungszeitraum 19 einen Verlust von 110.000 € erzielt.

HE:

HE ist seit Jahren Hausfrau. Ihre einzige Einkunftsquelle ist ein Sparguthaben auf einer Bank. Dort wurden ihr im Kalenderjahr 19 Zinsen in Höhe von 1.000 € erhalten. Die Bank hat Kapitalertragsteuer und Solidaritätszuschlag einbehalten, da HE ihr nur einen Freistellungsauftrag in Höhe von 801 € erteilt hat. Eine Anlage KAP reichen die Eheleute bei ihrer Einkommensteuererklärung nicht ein.

II.   Aufgaben

1. Nehmen Sie Stellung zur Steuerpflicht, Veranlagungsart von ME, HE und ML im Veranlagungszeitraum 19. Beachten Sie dabei, dass besondere Anträge zur Veranlagungsart nicht gestellt worden sind!
2. Ermitteln Sie das Einkommen von ME und HE im Veranlagungszeitraum 19. Führen Sie unabhängig von Ihrer Lösung zu Aufgabe 1 eine Zusammenveranlagung für den Veranlagungszeitraum 19 durch. Berücksichtigen Sie bei Ihrer Berechnung unstreitig abzugsfähige Sonderausgaben i.H.v. 4.000 €.

III.   Bearbeitungshinweise

- Begründen Sie Ihre Entscheidungen – soweit möglich – immer unter genauer Angabe der zutreffenden gesetzlichen Vorschriften.

- Die Steuerpflichtigen möchten stets möglichst niedrige Einkünfte; zudem wollen sie Ihre Einkünfte immer so einfach wie möglich ermitteln. Soweit nichts anderes erwähnt ist, sind sämtliche erforderliche Anträge gestellt worden. Ermitteln Sie immer das für die Steuerpflichtigen günstigste Ergebnis.
- Rechenschritte sind nachvollziehbar darzustellen. Errechnete Beträge sind – soweit es keine eindeutigen gesetzlichen Regelungen gibt – mathematisch aufzurunden.

IV. Lösung

Persönliche Steuerpflicht und Veranlagungsart

HE und ME sind beide natürliche Personen, die ihren Wohnsitz gem. § 8 AO im Inland (§ 1 Abs. 1 S. 2 EStG), hier Kaiserslautern haben. Somit sind sie im Veranlagungszeitraum 19 unbeschränkt einkommensteuerpflichtig gem. § 1 Abs. 1 S. 1 EStG. ML ist im Veranlagungszeitraum 19 ganzjährig nicht unbeschränkt einkommensteuerpflichtig, da ihr Wohnsitz im gesamten Veranlagungszeitraum in Paris liegt und nicht im Inland. Sie hat auch mit ihrem kurzfristigen Aufenthalt während des Jahreswechsels in Deutschland keinen gewöhnlichen Aufenthalt gem. § 9 AO (kein zusammenhängender Zeitraum von mehr als sechs Monaten). Ihre unbeschränkte Einkommensteuerpflicht beginnt somit erst am 08.02.19 mit dem Zuzug ins Inland, da sie erst ab diesem Moment willentlich und endgültig ihren Wohnsitz nach Deutschland verlegt.

HE und ME führen im Veranlagungszeitraum 19 eine rechtsgültige Ehe nach BGB. Sie sind beide nach obiger Prüfung unbeschränkt einkommensteuerpflichtig und haben zu Beginn des Veranlagungszeitraums nicht dauernd getrennt gelebt. Die Voraussetzungen der Ehegattenveranlagung sind somit an einem Tag im Veranlagungszeitraum erfüllt. Für beide ist somit eine Ehegattenveranlagung durchzuführen. Die Eheleute haben grundsätzlich ein Wahlrecht, ob für sie eine Einzelveranlagung nach § 26a EStG oder eine Zusammenveranlagung nach § 26b EStG durchgeführt werden soll. Auf gemeinsamen Antrag hin ist für die Ehegatten eine Zusammenveranlagung nach § 26b EStG durchzuführen; § 26 Abs. 2 S. 2 EStG. ML wird in 19 noch nicht veranlagt, da sie noch nicht unbeschränkt einkommensteuerpflichtig ist.

Ermittlung des Einkommens

ME erzielt als Geschäftsführer Einkünfte aus nichtselbständiger Arbeit gem. § 19 Abs. 1 Nr. 1 EStG i.V.m. § 2 Abs. 1 Nr. 4 EStG. Es handelt sich hierbei um Überschusseinkünfte nach § 2 Abs. 2 Nr. 2 EStG. Einnahme ist gem. § 8 Abs. 1 EStG der Bruttoarbeitslohn, der sich wie folgt berechnet:

Nettolohn:	1.835 €	
+ Sozialversicherung	615 €	§ 12 Nr. 1 EStG
+ Steuerabzugsbeträge	550 €	§ 12 Nr. 3 EStG
Bruttoarbeitslohn	**3.000 €**	

Die Steuerabzugsbeträge (§ 12 Nr. 3 EStG) und die Sozialabgaben (§ 12 Nr. 1 EStG) dürfen hierbei das Einkommen nicht mindern. Der AG-Anteil zur Gesamtsozialversicherung ist steuerfrei nach § 3 Nr. 62 EStG.

Mit der Gestellung des Dienstwagens erhält ME Einnahmen, die nicht in Geld bestehen (Einnahmen in Geldeswert) gem. § 8 Abs. 2 EStG, die den Bruttoarbeitslohn erhöhen (1.500 €).

Der Bruttoarbeitslohn beträgt somit 37.500 €.

Die Fortbildung in Paris dient der Erhaltung der Einnahmen. Es handelt sich um Reisekosten für eine auswärtige berufliche Tätigkeit (§ 9 Abs. 1 Nr. 4a EStG i.V.m. § 9 Abs. 4a S. 2 EStG): 500 €

Der Laptop stellt ein Arbeitsmittel i.S.d. § 9 Abs. 1 Nr. 6 EStG dar. Da die Nutzungsdauer mehr als ein Jahr beträgt, sind die Vorschriften über die AfA zu beachten, § 9 Abs. 1 Nr. 7 EStG. Für den Laptop kann nur die lineare AfA gem. § 7 Abs. 1 S. 1 und 2 EStG angewendet werden, da die Nettoanschaffungskosten i.H.v. 823,52 € (980 × 100/119) den Betrag von 800 € übersteigen. Die AfA beginnt im Jahr der Anschaffung, also in 19; der Zeitpunkt der Zahlung ist unbeachtlich. Die AfA beginnt somit am 30.09.19. Als AfA-BMG sind die Bruttoanschaffungskosten maßgebend, da die nicht abzugsfähige Vorsteuer nach § 9b Abs. 1 EStG i.U. zu den Anschaffungskosten zählt. Die AfA ist zeitanteilig nach § 7 Abs. 1 S. 4 EStG anzusetzen.

800 € / 3 Jahre × $\frac{4}{12}$ × 50 % private Nutzung: 54 €

> **Anmerkung!** Seit dem Veranlagungszeitraum 2018 beträgt die Grenze für geringwertige Wirtschafts-
> güter 800 €.

Es handelt sich um gemischte Aufwendungen (Mischkosten). Eine untergeordnete private Nutzung liegt
nicht vor, sodass die Kosten in einen abziehbaren und nichtabziehbaren Anteil aufzuteilen sind (Aufteil-
ungsmaßstab unstreitig lt. Sachverhalt). Der nichtabziehbare Anteil stellt Kosten der Lebensführung gem.
§ 12 Nr. 1 EStG dar.

Für den Weg von der Wohnung zu der ersten Tätigkeitsstätte erhält ME die Entfernungspauschale nach § 9
Abs. 1 Nr. 4 EStG. Maßgebend ist die kürzeste Straßenverbindung, die 0,5 km beträgt. Da nur volle km nach
§ 9 Abs. 1 Nr. 4 S. 2 EStG angesetzt werden können, erfolgt kein Werbungskostenansatz.

Bei der Ermittlung der Einkünfte kommt somit der Arbeitnehmer-Pauschbetrag von 1.000 € nach § 9a
Nr. 1a) EStG zum Ansatz, da keine höheren Werbungskosten entstanden sind.

Einkünfte aus § 19 EStG: 36.500 €

Der Gewinn bei der Fernsehsendung gehört zu den nicht steuerbaren Einkünften des Einkommensteuergesetzes.

Mit der Vermietung des Einfamilienhauses erzielt ME Einkünfte aus Vermietung und Verpachtung gem. § 21
Abs. 1 Nr. 1 EStG, die zu den Überschusseinkünften gem. § 2 Abs. 2 Nr. 2 EStG zählen.

Einnahmen: § 8 Abs. 1 EStG, § 11 Abs. 1 S. 1 EStG	7.200 €
Umlagen: § 8 Abs. 1 EStG	1.200 €
Summe der Einnahmen	**8.400 €**

In 19 im Zeitpunkt des Abflusses abzugsfähig (§ 11 Abs. 2 S. 1 EStG):

§ 9 Abs. 1 Nr. 4a EStG i.V.m. § 9 Abs. 3 EStG: Kontrollfahrten	100 €
§ 9 Abs. 1 S. 3 Nr. 2 EStG: Grundsteuer, Versicherung	700 €
§ 9 Abs. 1 S. 3 Nr. 1 EStG: Schuldzinsen, Geldbeschaffungskosten	4.200 €

Die Tilgungsleistung wirkt sich ebenso nicht aus wie die Auszahlung des Darlehens (vgl. H 4.5 Abs. 2 Darlehen sinngemäß).

§ 9 Abs. 1 S. 3 Nr. 3 EStG: Haus- und Grundbesitzverein   50 €

Die Anschaffungskosten des Gebäudes sind nur im Wege der AfA als Werbungskosten abzugsfähig, § 9 Abs. 1
Nr. 7 S. 1 EStG. Die AfA-Bemessungsgrundlage (hier die Anschaffungskosten) sind wie folgt zu berechnen:

Kaufpreis	500.000 €
Grunderwerbsteuer (Anschaffungsnebenkosten)	17.500 €
Notargebühren Kaufvertrag	4.000 €
Grundbuchamt Eigentumsänderung	300 €
Fahrtkosten zur Besichtigung des Objektes	100 €
Summe	**521.900 €**

Die Gesamtanschaffungskosten sind in einen Anteil für Grund und Boden und Gebäude aufzuteilen:

Verkehrswert Gebäude	500.000 €
Verkehrswert Grund und Boden: 250 € × 500 m² =	125.000 €
Gesamter Verkehrswert bebautes Grundstück	**625.000 €**

ergibt ein Verhältnis Gebäude zu Grund und Boden: 80 %.

Die AfA-Bemessungsrundlage beträgt somit: 417.520 €.

Als AfA-Satz kommt die lineare AfA nach § 7 Abs. 4 Nr. 2a) EStG zum Ansatz, da Anschaffung nach 1924. Im ersten Jahr kann die AfA gem. § 7 Abs. 1 S. 4 EStG nur zeitanteilig angesetzt werden, im vorliegenden Fall somit für sieben Monate (30.06.19 maßgebend für Beginn der AfA).

417.520 € × 2 % × $^{7}/_{12}$ =   4.872 €

Die Einkünfte aus § 21 EStG betragen   ./. 1.522 €

Mit der Beteiligung an der KG erzielt ME Einkünfte aus Gewerbebetrieb gem. § 15 Abs. 1 Nr. 2 EStG, die zu der Gewinneinkünften gem. § 2 Abs. 2 Nr. 1 EStG zählen. Anzusetzen ist der Gewinn-/Verlustanteil von ME (10 % von 110.000 €).

Die Einkünfte aus § 15 EStG betragen   ./. 11.000 €

HE

HE erzielt mit ihren Zinsen aus dem Sparguthaben Einkünfte aus Kapitalvermögen nach § 20 Abs. 1 Nr. 7 EStG. Die Bank hat Kapitalertragsteuer und Solidaritätszuschlag einbehalten. Die Einkommensteuer auf diese Kapitalerträge ist daher mit dem Einbehalt der Kapitalertragsteuer abgegolten § 43 Abs. 5 EStG. Da ein Antrag auf Überprüfung des Kapitalertragsteuereinbehalts nach § 32d Abs. 4 EStG nicht gestellt wird (keine Anlage KAP eingereicht), ist die Besteuerung durch die Einbehaltung der Kapitalertragsteuer abgeschlossen. Die Kapitaleinkünfte sind beim Veranlagungsschema/bei der Ermittlung des Einkommens gem. § 2 Abs. 5b EStG somit nicht einzubeziehen.

Summe der Einkünfte von ME

Einkünfte nach § 19 Abs. 1 Nr. 1 EStG	**36.500 €**
Einkünfte § 15 Abs. 1 Nr. 2 EStG	./. 11.000 €
Einkünfte § 21 Abs. 1 Nr. 1 EStG	./. 1.522 €
Summe der Einkünfte ME nach vertikalem Verlustausgleich	**23.978 €**
Summe der Einkünfte HE unter Beachtung von § 2 Abs. 5b EStG	–
Gesamtbetrag der Einkünfte § 2 Abs. 3 EStG	23.978 €
abzüglich Sonderausgaben	./. 4.000 €
Einkommen, § 2 Abs. 4 EStG	**19.978 €**

Punktetabelle zur Übungsklausur aus dem Fach Einkommensteuer

	Punkte
§ 1 Abs. 1 Satz 1 EStG; § 8 AO	1
ML nicht unbeschränkt stpfl. + Begr.	2
HE und ME § 26 Abs. 1 S. 1 EStG	3
Zusammenveranlagung § 26b EStG	4
§ 25 Abs. 2 Satz 2 EStG	5
§ 19 Abs. 1 Nr. 1 EStG	6
§ 2 Abs. 2 Nr. 2 EStG	7
Ermittlung Bruttoarbeitslohn; § 8 Abs. 1 EStG	8
§ 12 Nr. 3; § 12 Nr. 1 EStG	9
§ 8 Abs. 2 EStG	10
§ 9 Abs. 1 Nr. 4a EStG; Reisekosten	11
Arbeitsmittel; § 9 Abs. 1 Nr. 6 EStG	12

Lineare AfA; § 7 Abs. 1 S. 1 EStG	**13**
Berechnung; § 7 Abs. 1 S. 4 EStG; 44 €	**14**
§ 12 Nr. 1 EStG; 50 % nicht abziehbar	**15**
Entfernungspauschale § 9 Abs. 1 Nr. 4 EStG	**16**
Kein Ansatz + Begr.	**17**
AN-PB; § 9a Nr. 1a) EStG	**18**
Gewinn nicht steuerbar	**19**
§ 21 Abs. 1 Nr. 1 EStG	**20**
Einnahmen § 8 Abs. 1 EStG inkl. Umlagen	**21**
§ 9 Abs. 1 Nr. 1 EStG	**22**
§ 9 Abs. 1 Nr. 2 EStG	**23**
§ 9 Abs. 1 Nr. 3 EStG	**24**
Kontrollfahrten 100 € § 9 Abs. 1 Nr. 4a i.V.m. § 9 Abs. 3 EStG	**25**
§ 9 Abs. 1 Nr. 7 EStG; AfA Gebäude	**26**
Ermittlung der Anschaffungskosten	**27**
Aufteilung	**28**
§ 7 Abs. 4 Nr. 2a) EStG	**29**
Folgerichtige Ermittlung AfA	**30**
Folgerichtige Ermittlung Einkünfte	**31**
§ 15 Abs. 1 Nr. 2 EStG	**32**
§ 2 Abs. 2 Nr. 1 EStG	**33**
Zinsen = § 20 Abs. 1 Nr. 7 EStG	**34**
§ 43 Abs. 5 EStG	**35**
§ 2 Abs. 5b EStG	**36**
Keine Berücksichtigung in Veranlagung	**37**
Ermittlung Summe der Einkünfte; vertikaler Verlustausgleich	**38**
Ermittlung GdE; § 2 Abs. 3 EStG	**39**
Ermittlung Einkommen; § 2 Abs. 4 EStG	**40**

Notentabelle		
Korrekturpunkte	**Punkte nach § 6 Abs. 1 StBAPO**	**Note**
40–38	15	1
37–36	14	
35	13	2
34–33	12	
32–31	11	
30–29	10	3
28–27	9	
26–25	8	
24	7	4
23–22	6	
21–20	5	
19–16	4	5
15–12	3	
11–8	2	
7–4	1	6
3–0	0	

Fall 2:

Prüfungsklausur aus dem Fach Einkommensteuer

Themenkreis: Einkünfte nach § 15, § 21 und § 22 EStG, Mischnutzung von Gebäuden, private Pkw-
                         Nutzung, privates Veräußerungsgeschäft
Schwierigkeitsgrad: Laufbahnprüfung
Bearbeitungszeit: 3 Stunden
Hilfsmittel: Beck'sche Bände
                         • Steuergesetze
                         • Steuerrichtlinien
                         HGB

I.   Bearbeitungshinweise

• A möchte höchstmöglichen Vorsteuerabzug in Anspruch nehmen.
• A möchte so wenig Betriebsvermögen wie möglich und möglichst niedrige Einkünfte.
• Auf § 7g EStG sowie die 1 %-Methode ist nicht einzugehen.
• Alle Kosten wurden in den jeweiligen Jahren (der Entstehung der Aufwendungen) bezahlt, soweit der
  Sachverhalt nichts anderes hergibt.
• Hinsichtlich des Tattoostudios ist A unstreitig zum Vorsteuerabzug berechtigt.
• Auf die persönliche Steuerpflicht, Veranlagung und Tarif ist nicht einzugehen!
• Auf § 82b EStDV ist nicht einzugehen.
• Die Steuerpflichtigen wünschen in jedem Veranlagungszeitraum jeweils das für sie günstigste Ergebnis
  und dabei die einfachste Ermittlungsmethode.
• Centbeträge sind mathematisch zu runden.

II.   Sachverhalt

A ist überzeugter Single und wird daher für die Veranlagungszeiträume 17–19 beim Finanzamt einzeln veranlagt. Den Veranlagungen liegt folgender Sachverhalt zugrunde:

A erwarb mit notariellem Vertrag vom 03.10.16 (Übergang von Besitz, Nutzen, Lasten und Gefahren zum
01.11.16) ein bebautes Grundstück in Maikammer (Fertigstellung Gebäude in 1989). Auf dem 300 m²
großen Grundstück befindet sich ein Gebäude mit unterschiedlich großer Wohn- bzw. Nutzfläche. Während
A für das unbebaute Grundstück im Jahr 10 250 €/m² hätte zahlen müssen, wurde für das Gebäude ein Verkehrswert von 150.000 € ermittelt. Der von A gezahlte Kaufpreis von 200.000 € war somit überaus günstig.
Im Zusammenhang mit dem Kauf fielen folgende Kosten an, die allesamt in 16 beglichen wurden:

• Grunderwerbsteuer 7.000 €,
• Notarkosten für den Kaufvertrag 345 € zzgl. USt,
• Notarkosten für die Eintragung einer Hypothek 250 € zzgl. USt,
• Gerichtskosten für die Eintragung der Hypothek im Grundbuch 150 €,
• Gerichtskosten für die Eintragung des Eigentums im Grundbuch 255 €.

Das Gebäude wird in den Jahren 17–19 wie folgt genutzt:

OG 60 m²	**Vermietung an Studenten ab April 17** **in Höhe von 300 € zzgl. 100 € Umlagen**
EG 100 m²	**Tattoostudio von A; Nutzung ab 01.11.16**

Angaben zu dem Gebäude bzw. Vermietung

Das OG nutzte A bis zum 31.12.16 zu eigenen Wohnzwecken. Da ihm die Wohnung seinen Bedürfnissen entsprechend zu klein war, beschloss er, diese ab dem Kalenderjahr 17 zu vermieten. Er selbst zog ein paar Straßen weiter (4,5 km kürzeste Straßenverbindung) in eine größere Wohnung im Hause seiner Eltern ein. A suchte ab Januar 17 (in den Zeiten des Leerstandes) einen neuen Mieter, was ihm unstreitig 200 € kostete. Er beschloss kurzfristig, im Februar die Wände zu streichen, da er als Kettenraucher die Wohnung einräucherte. Die Materialkosten beliefen sich auf 238 € brutto (Zahlung im Februar). Seinen Wert der Arbeitsleistung schätzte er mit 100 €. Die Arbeiten beendete er im März, sodass er die Wohnung ab April ruhigen Gewissens an einen Studenten (unbefristet) vermieten konnte.

In den jeweiligen Jahren (17 und 18) fielen für das Grundstück noch folgende Aufwendungen an:

- Grundsteuer   170 €,
- Müllabfuhr   430 €,
- Gebäudehaftpflichtversicherung   380 €,
- Sonstige unstreitige Aufwendungen   2.000 €.

Tattoostudio im EG

A erzielte aus dem Tattoostudio in den Jahren 17 und 18 unstreitig Erlöse in Höhe von 50.000 € und hatte Ausgaben in Höhe von 30.000 €. Er darf unstreitig eine Einnahme-Überschussrechnung durchführen. Im Zusammenhang mit dem Gebäude entstandene Ausgaben wurden hierbei noch nicht berücksichtigt.

Des Weiteren berücksichtigte er in seiner Gewinnermittlung folgende Vorgänge noch nicht:

Am 02.04.18 erwarb A bei einem BMW-Händler in Frankreich einen BMW (ND 6 Jahre) zu einem Kaufpreis von 50.000 € zzgl. Navigationsgerät für 1.000 €. Bei dem Kauf des BMW inkl. Navigationsgerät handelte es sich unstreitig um einen innergemeinschaftlichen Erwerb. Den Pkw kaufte A deshalb in Frankreich, weil er hierbei für dasselbe Modell 1.000 € netto im Vergleich zum inländischen Nettolistenpreis einsparte. A führte in 18 ein ordnungsgemäßes Fahrtenbuch, aus dem sich folgende Angaben entnehmen lassen:

Fahrten zwischen Wohnung/Betrieb	1.440 km (an 160 Tagen)
Sonstige betriebliche Fahrten	13.000 km
Private Fahrten	11.000 km

Kosten im VZ 18

Benzin/Reparaturen	5.000 € zzgl. USt
Kfz-Steuer	120 €
Kfz-Versicherung	1.200 €
Darlehensauszahlung	47.500 € (= 95 % des Darlehensbetrages)
Darlehenstilgung	5.000 €
Laufende Darlehenszinsen	1.000 €

Von Januar bis März (autofreie Zeit) ist A an 60 Tagen von einem seiner Mitarbeiter zum Betrieb mitgenommen worden.

Angaben zu dem Kalenderjahr 19

Die Umsätze des A hielten seinen Erwartungen nicht stand. Bis zu dem Verkauf des Gebäudes (s.u.) erwirtschaftete A 30.000 €, denen Ausgaben von 25.000 € entgegenstanden. Im Übrigen stellte er fest, dass er mit dem Tattoostudio seinen Lebensunterhalt nicht bestreiten konnte. Er entschied, das Grundstück zu verkaufen und in einer nahegelegenen Großstadt in gemieteten Räumen ein kleineres Tattoostudio zu eröffnen. Hieraus erzielte er in 19 unstreitig einen Verlust von 1.000 €. Den Pkw benutzte A in 19 ausschließlich betrieblich (lt. unstreitigen vorliegenden Nachweisen). Sämtliche Vermögensgegenstände benutzte A weiterhin in dem kleineren Tattoostudio. Aufgrund des bevorstehenden Umzugs wurde das Mietverhältnis mit dem Studenten bereits zum 28.02. gekündigt. Die Wohnung im OG blieb bis zum Verkauf ungenutzt. Ab 01.03. bemühte sich A, einen Käufer zu finden. An Ausgaben im Zusammenhang mit der Suche nach einem Käufer fielen bei A 1.000 € an. Letzten Endes wurde im Juni 19 ein Käufer gefunden, der den gewünschten Kaufpreis von 300.000 € akzeptierte. Der notarielle Kaufvertrag wurde am 13.06.19 geschlossen. Hierin wurde vereinbart, dass Besitz, Nutzen, Lasten und Gefahr mit Kaufpreiszahlung am 30.06.19 übergehen sollten. Der Kaufpreis ging vereinbarungsgemäß auf dem Konto von A ein. Die Eintragung des neuen Eigentümers im Grundbuch erfolgte am 20.08.19.

Aufgrund des Verkaufs beliefen sich die Kosten des Grundstücks in 19 wie folgt:
- Grundsteuer   100 €,
- Müllabfuhr   200 €,
- Gebäudehaftpflichtversicherung   240 €,
- Sonstige unstreitige Aufwendungen   1.000 €.

III. Aufgabe
Ermitteln Sie die Einkünfte der Kalenderjahre 17–19.

IV. Lösungen
Vorabprüfung des Gebäudes
Umsatzsteuerliche Betrachtung (höchstmöglicher Vorsteuerabzug)
Die abzugsfähige Vorsteuer ist gem. § 9b Abs. 1 EStG nicht Bestandteil der AK und damit der AfA-BMG; es ist somit zunächst zu prüfen, in welcher Höhe die Vorsteuer abzugsfähig ist.

Die Vermietung im 1. OG ist steuerfrei nach § 4 Nr. 12 a) UStG. Eine Optionsmöglichkeit nach § 9 UStG besteht nicht. Die Vorsteuer für diesen Gebäudeteil ist somit nicht abzugsfähig. Auch aufgrund der vorangegangenen Nutzung zu eigenen Wohnzwecken ergibt sich aufgrund des § 15 Abs. 1b UStG keine Vorsteuerabzugsberechtigung.

Beim EG liegt ein Leistungsbezug für das eigene Unternehmen vor. A erbringt mit dem Tattoostudio steuerbare und steuerpflichtige Umsätze, die Vorsteuer ist unter den weiteren Voraussetzungen des § 15 UStG abziehbar und abzugsfähig.

Einkommensteuerliche Betrachtung
Das Gebäude steht in einem unterschiedlichen Nutzungs- und Funktionszusammenhang und ist dementsprechend in zwei eigenständige Wirtschaftsgüter einzuteilen; R 4.2 Abs. 4 S. 1 EStR. Für jeden einzelnen Gebäudeteil ist eine eigene AfA zu berechnen (§ 7 Abs. 5a EStG, R 7.4 Abs. 6 Satz 2 EStR). Soweit Anschaffungskosten das gesamte Gebäude betreffen, sind sie für Zwecke der AfA nach dem Nutzflächenverhältnis aufzuteilen (R 4.2 Abs. 6 Satz 1 und 2 EStR); Aufwendungen, die ausschließlich einen bestimmten Gebäudeteil betreffen, sind diesem Gebäudeteil gesondert zuzurechnen

Der Gebäudeteil im Erdgeschoss stellt hierbei notwendiges Betriebsvermögen gem. R 4.2 Abs. 7 S. 1 EStR dar, weil dieser Teil von A eigenbetrieblich genutzt wird. Der anteilige Grund und Boden gehört hierbei zum nicht abnutzbaren Anlagevermögen gem. R 6.1 Abs. 1 S. 6 EStR. Der Gebäudeteil zählt zum abnutzbaren Anlagevermögen gem. R 6.1 Abs. 1 S. 5 EStR.

Die Anschaffungskosten für den Grund und Boden sind gem. § 4 Abs. 3 S. 4 EStG erst im Zeitpunkt der Entnahme bzw. Zufluss des Veräußerungspreises eine BA. Es erfolgt daher die Aufzeichnung in ein Bestandsverzeichnis gem. § 4 Abs. 3 S. 5 EStG. Für das Gebäude sind Abschreibungen gem. § 4 Abs. 3 S. 3 EStG i.V.m. § 7 anzusetzen. Die AfA ist gem. § 7 Abs. 5a EStG i.V.m. § 7 Abs. 4 Nr. 1 EStG, da der Gebäudeteil notwendiges BV darstellt und nicht Wohnzwecken dient. Der AfA-Satz beträgt 3 %.

A ist für den Gebäudeteil vorsteuerabzugsberechtigt gem. § 15 UStG. Infolgedessen zählt die auf das Erdgeschoß entfallende USt nicht zu den Anschaffungskosten gem. § 9b Abs. 1 EStG (Prüfung s.o.).

Der Gebäudeteil im OG stellt willkürbares Vermögen dar nach R 4.2 Abs. 9 S. 1 EStR, wenn ein objektiver Zusammenhang mit dem Betrieb besteht und wenn die Zuordnung zum Betriebsvermögen erfolgt. Der anteilige Grund und Boden zählt dann ebenfalls zum Betriebsvermögen, R 4.2 Abs. 9 S. 6 EStR. Da A aber möglichst wenig Betriebsvermögen haben möchte, erfolgt eine Zuordnung des OG zum Privatvermögen und das Subsidiaritätsprinzip § 21 Abs. 3 EStG greift nicht, sodass Einkünfte nach § 21 Abs. 1 Nr. 1 EStG erzielt werden.

Die Anschaffungskosten für das OG sind nur im Wege der AfA als Werbungskosten abzugsfähig, § 9 Abs. 1 S. 3 Nr. 7 EStG. Die Anschaffungskosten für den Grund und Boden wirken sich nicht aus, da der Grund und Boden ein nicht abnutzbares Wirtschaftsgut (Auswirkung erst bei Veräußerung).

Es kommt die lineare AfA nach § 7 Abs. 5a i.V.m. § 7 Abs. 4 Nr. 2 a) EStG zum Ansatz.

Ermittlung der Anschaffungskosten pro Gebäudeteil

Vorgang	Gesamte Kosten	EG (100 / 160)	OG (60 / 160)
Kaufpreis	200.000,00 €	125.000,00 €	75.000,00 €
Grunderwerbsteuer	7.000,00 €	4.375,00 €	2.625,00 €
Notar Kaufvertrag	345,00 €	215,62 €	129,38 €
USt hierzu	(65,55 €)	§ 9b EStG, nicht Bestandteil der AK Ansatz BA in 16	§ 9b EStG i.U., da kein VSt-Abzug, USt zählt zu den AK: 24,58 €
Kosten für die Hypothek sind gem. § 11 Abs. 2 S. 1 EStG in 16 abgeflossen. Kein Ansatz als WK/BA in 17.			
Eigentumseintragung	255,00 €	159,38 €	95,62 €
Summe (inkl. GruBo)		129.750,00 €	77.875,00 €
Gesamt-AK	**207.625,00 €** ◄		

Die AK der jeweiligen Wirtschaftsgüter (Gebäude inkl. GruBo) sind gem. H 7.3 EStH Kaufpreisaufteilung im Verhältnis der Verkehrswerte aufzuteilen:

- VW Gebäude: 150.000 € lt. Gutachter,
- VW GruBo: 300 m² × 250 €/m² = 75.000 €.

Der Anteil berechnet sich wie folgt:

- 129.750 € × Verkehrswert Gebäude (150.000 €)/Verkehrswert Gesamtgebäude (225.000 €) = Ergibt somit AK für EG: 86.500 €
- 77.875 € × Verkehrswert Gebäude (150.000 €)/Verkehrswert Gesamtgebäude (225.000 €) = Ergibt somit AK für OG: 51.916 €

	Gesamte Kosten	EG	OG
AK GruBo	69.209 €	43.250 €	25.959 €
AK Gebäude: zugleich AfA-BMG	**(138.416 €)**	**86.500 €**	**51.916 €**

Ermittlung der Einkünfte; VZ 17
Einkünfte aus Gewerbebetrieb
A erzielt Einkünfte aus Gewerbebetrieb gem. § 2 Abs. 1 Nr. 2 EStG i.V.m. § 15 Abs. 1 Nr. 1 EStG, die zu den Gewinneinkünften gem. § 2 Abs. 2 Nr. 1 EStG zählen. Diese werden lt. Sachverhalt unstreitig nach der EÜR gem. § 4 Abs. 3 EStG ermittelt.

Die Betriebseinnahmen gem. § 8 Abs. 1 EStG analog betragen lt. SV unstreitig:	50.000 €
Die Betriebsausgaben gem. § 4 Abs. 4 EStG betragen lt. SV unstreitig:	30.000 €

Hinzu kommt die AfA nach § 7 Abs. 4 Nr. 1 EStG:

86.500 € × 3 % =	2.595 €

Die im Zusammenhang mit dem Grundstück entstandenen Aufwendungen im VZ 17 stellen weitere Betriebsausgaben dar, soweit sie auf den Anteil des Erdgeschosses betreffen, da sie betrieblich veranlasst sind (× 62,5 %).

Grundsteuer	106 €
Müllabfuhr	269 €
Gebäudehaftpflichtversicherung	238 €
Sonstige Ausgaben	1.250 €
Summe BE	50.000 €
Summe BA	34.458 €
Gewinn	**15.542 €**

Einkünfte aus Vermietung und Verpachtung
Aus der Vermietung des 1. OG erzielt A Einkünfte aus Vermietung und Verpachtung gem. § 2 Abs. 1 Nr. 6 EStG i.V.m. § 21 Abs. 1 Nr. 1 EStG, die zu den Überschusseinkünften gem. § 2 Abs. 2 Nr. 2 EStG gezählt werden.

Bei den Malerarbeiten handelt es sich um Erhaltungsaufwendungen, da etwas Vorhandenes erneuert/ersetzt wird. Da es sich um jährlich übliche Erhaltungsarbeiten handelt, ist § 6 Abs. 1 Nr. 1a EStG i.V.m. § 9 Abs. 5 S. 2 EStG nicht zu beachten. Die Aufwendungen werden somit nach dem Abflussprinzip des § 11 Abs. 2 S. 1 EStG im Jahr der Zahlung (17) berücksichtigt. Die Vorsteuer aus der Baumaßnahme gem. § 9b Abs. 1 EStG i.U. ist ebenfalls nach dem Abflussprinzip anzusetzen, da A für den Gebäudeteil nicht zum Vorsteuerabzug gem. § 15 UStG berechtigt ist und der Erhaltungsaufwand aus der Baumaßnahme direkt dem OG zugeordnet werden kann. Der ersparte Aufwand (eigene Arbeitsleistung) zählt hierbei nicht zu den Werbungskosten, da kein (Geld-)Abfluss stattgefunden hat.

Die Einkünfte sind wie folgt zu ermitteln:

Position	Gesamt	OG betreffend
Einnahmen gem. § 8 Abs. 1 EStG: (9 Monate)		3.600 €
Werbungskosten:		
§ 9 Abs. 1 S. 1 EStG: sonst. Gebäudeaufwendungen	2.000 €	750 €
§ 9 Abs. 1 S. 1 EStG: vorweggenommene WK		200 €
§ 9 Abs. 1 S. 1 EStG: Baumaßnahme		238 €
§ 9 Abs. 1 Nr. 2 EStG: Grundsteuer, Versicherung, Müllabfuhr	980 €	368 €
§ 9 Abs. 1 Nr. 7 EStG: AfA für Gebäude (51.916 € × 2 %) Vermietungsabsicht bestand ab Januar		1.038 €
Einkünfte		**1.006 €**

Ermittlung der Einkünfte; VZ 18
Einkünfte aus Gewerbebetrieb

Die Betriebseinnahmen gem. § 8 Abs. 1 EStG analog betragen lt. SV unstreitig:	50.000 €
Die Betriebsausgaben gem. § 4 Abs. 4 EStG betragen lt. SV unstreitig:	30.000 €
Hinzu kommt die AfA nach § 7 Abs. 4 Nr. 1 EStG:	
86.500 € × 3 % =	2.595 €

Die im Zusammenhang mit dem Grundstück entstandenen Aufwendungen im VZ 18 stellen weitere Betriebsausgaben dar, soweit sie auf den Anteil des EG betreffen, da sie betrieblich veranlasst sind (× 62,5 %).

Grundsteuer	106 €
Müllabfuhr	269 €
Gebäudehaftpflichtversicherung	238 €
Sonstige Ausgaben	1.250 €

Steuerrechtliche Würdigung zur Pkw-Nutzung

Der BMW zählt zum notwendigen BV. Die betriebliche Nutzung des BMW liegt bei 57 %. Demzufolge liegt notwendiges BV nach R 4.2 Abs. 1 S. 4 EStR vor. Er gehört zum beweglichen, abnutzbaren Anlagevermögen (R 6.1 Abs. 1 S. 1 + 5 EStR, R 7.1 Abs. 1 Nr. 1 + Abs. 2 S. 1 EStR). Die Nutzungsdauer ist größer als ein Jahr, daher sind die Vorschriften der Abschreibung/GWG zu beachten, § 4 Abs. 3 S. 3 EStG.

A ist gem. § 15 UStG zum vollen Vorsteuerabzug berechtigt, sodass die Vorsteuer aus dem innergemeinschaftlichen Erwerb nicht zu den Anschaffungskosten gem. § 9b Abs. 1 EStG gehört.

> **Hinweis!** Für den innergemeinschaftlichen Erwerb ist A zum Vorsteuerabzug berechtigt. Auf den Kaufpreis muss A die Umsatzsteuer von 19 % bei der nächsten Voranmeldung erheben. Zugleich hat er hieraus einen Vorsteuerabzug, sodass für diesen Vorgang eine Nullmeldung vorzunehmen ist und folglich sich aus diesem Vorgang keine Gewinnauswirkung ergibt.
> **Alternativ:** In der § 4 (3)-Rechnung ist somit die USt bzw. die VSt auf den igE als Betriebseinnahme und Betriebsausgabe zu erfassen.

Die AK für den Pkw betragen gem. § 255 Abs. 1 HGB 51.000 €. Die Kosten für das Navigationsgerät stellen insoweit Anschaffungsnebenkosten dar.

Für den Pkw ist die lineare AfA gem. § 7 Abs. 1 S. 1 + 2 EStG zu gewähren. Im Jahr der Anschaffung ist § 7 Abs. 1 S. 4 EStG zu beachten, sodass die AfA nur zeitanteilig anzusetzen ist. § 6 Abs. 2 und 2a EStG kommen wegen Überschreitens der Betragsgrenze von 1.000 € nicht zur Anwendung.

Die Jahres-AfA beträgt somit: 51.000/6 Jahre = 8.500 € pro Jahr.

Im Jahr 18 ist diese AfA nur zeitanteilig als BA gem. § 4 Abs. 4 EStG zu erfassen:	
8.500 € × 9/12 = 6.375 €	6.375 €

Aus dem Sachverhalt ergeben sich außerdem folgende weitere Pkw-Kosten:

Die abzugsfähige Vorsteuer aus den laufenden Kosten in Höhe von 950 € zählt nicht zu den laufenden Pkw-Kosten gem. § 9b Abs. 1 EStG. Diese ist im Zeitpunkt der Zahlung gem. § 11 Abs. 2 S. 1 EStG BA: 950 €

Im Übrigen sind die laufenden Kosten für den Pkw Betriebsausgaben, und zwar:

Benzin/Reparaturen	5.000 €	
Kfz-Steuer	120 €	
Kfz-Versicherung	1.200 €	
Damnum	2.500 €	
Zinsen	1.000 €	
Summe	**9.820 €**	9.820 €

Hierbei ist Folgendes zu beachten:

Die Darlehensaufnahme sowie die Darlehenstilgung stellen weder Betriebseinnahmen noch Betriebsausgaben gem. H 4.5 Abs. 2 „Darlehen" EStH dar.

Da der Pkw privat genutzt wird, liegt eine Nutzungsentnahme gem. § 4 Abs. 1 S. 2 EStG vor. Bei den Pkw-Kosten handelt es sich somit um Mischkosten. Die Kosten, die auf die private Nutzung entfallen, sind nach § 12 Nr. 1 EStG Kosten der Lebensführung.

Da jedoch sämtliche Pkw-Kosten zu 100 % als Betriebsausgaben anzusetzen sind, ist für die Nutzungsentnahme eine fiktive BE anzusetzen.

Der private Nutzungsanteil kann gem. § 6 Abs. 1 Nr. 4 S. 3 EStG mit den auf die Privatfahrten entfallenden Aufwendungen angesetzt werden, da laut Sachverhalt ein ordnungsgemäßes Fahrtenbuch vorliegt:
Pkw-Gesamtkosten = 9.820 € zzgl. AfA 6.375 € = 16.195 €.
Privater Nutzungsanteil lt. Fahrtenbuch = 43 %.
16.195 € × 43 % = 6.964 € (aufgerundet).
Ansatz des Privatanteils als Nutzungsentnahme =   fiktive BE 6.964 €

Sowohl aus der Anschaffung als auch aus den laufenden Pkw-Kosten ist A zum vollen Vorsteuerabzug berechtigt. Die private Nutzung ist daher eine steuerbare und steuerpflichtige gleichgestellte sonstige Leistung/unentgeltliche Wertabgabe nach § 3 Abs. 9a Nr. 1 UStG.

Bemessungsgrundlage sind die anteiligen entstandenen Kosten, die zum Vorsteuerabzug berechtigt haben, § 10 Abs. 4 Nr. 2 UStG. Es ist die Fahrtenbuchmethode anzuwenden:
Reparatur/Benzin: 5.000 €

Die AK von 51.000 € sind für die Ermittlung der anteiligen Kosten abweichend von der einkommensteuerlichen Behandlung auf 5 Jahre gem. § 10 Abs. 4 Nr. 2 S. 2 + 3 i.V.m. § 15a Abs. 1 S. 1 UStG zu verteilen; es ergibt sich dadurch ein AfA-Betrag von 51.000 €: 5 × $^9/_{12}$ = 7.650 €
5.000 € + 7.650 € = 12.650 €.
hiervon 43 % privater Nutzungsanteil ergibt: 5.440 € (aufgerundet).
Umsatzsteuer hierauf 19 % gem. § 12 Abs. 1 UStG: 1.034 € (aufgerundet).

Die USt auf die Nutzungsentnahme ist als fiktive BE anzusetzen, da die USt auf Entnahmen gem. § 12 Nr. 3 EStG den Gewinn nicht mindern dürfen.   fiktive BE 1.034 €

Für die Fahrten zwischen Wohnung und Betrieb ist § 4 Abs. 5 Nr. 6 S. 3 2. HS EStG zu beachten:
* Ermittlung tatsächlicher km-Satz: 16.195 € / 25.440 km = 0,64 €
  1.440 km × 0,64 € = 921,60 €
* Ermittlung EntfP gem. § 9 Abs. 1 S. 3 Nr. 4 EStG:
  160 Tage × 4 km × 0,30 € = 192,00 €

Hierbei ist zu beachten, dass gem. § 9 Abs. 1 S. 3 Nr. 4 S. 2 EStG der volle km anzusetzen ist.

Hieraus ergibt sich eine Differenz i.H.v. 730 € (aufgerundet). Die Differenz stellt eine nicht abzugsfähige Betriebsausgabe dar, die als fiktive Betriebseinnahme anzusetzen ist: fiktive BE 730 €

Zusammenfassung BE in 18 aus Fahrtenbuchmethode

Wert der Nutzungsentnahme	6.964 €	
USt auf Nutzungsentnahme	1.034 €	
Fahrten Wohnung – Betrieb	730 €	
Summe	**8.728 €**	8.728 €

Von Januar bis März ist schließlich noch zu beachten, dass A für die Wege zwischen Wohnung und Betriebsstätte keine tatsächlichen Aufwendungen entstanden sind. Um allerdings mit einem Arbeitnehmer gleich-

gestellt zu werden, regelt § 4 Abs. 5 Nr. 6 EStG i.V.m. § 9 Abs. 1 S. 3 Nr. 4 EStG, dass A insoweit fiktive Betriebsausgaben in Höhe der zu gewährenden Entfernungspauschale anzusetzen sind:
Ermittlung Entfernungspauschale gem. § 9 Abs. 1 S. 3 Nr. 4 EStG:
60 Tage × 4 km × 0,30 € = 72,00 €

Zusammenfassung der BA 18

AfA BMW	6.375 €	
Vorsteuer	950 €	
Laufende Betriebsausgaben	9.820 €	
Fahrten Wohnung – Betrieb (März)	72 €	
Summe	**17.217 €**	17.217 €
Summe BE		58.728 €
Summe BA		51.675 €
Gewinn		**7.053 €**

Einkünfte aus Vermietung und Verpachtung
Die Einkünfte sind wie folgt zu ermitteln:

Position	gesamt	OG betreffend
Einnahmen gem. § 8 Abs. 1 EStG		4.800 €
Werbungskosten:		
§ 9 Abs. 1 S. 1 EStG: sonst. Gebäudeaufwendungen	2.000 €	750 €
§ 9 Abs. 1 Nr. 2 EStG: Grundsteuer, Versicherung, Müllabfuhr	980 €	368 €
§ 9 Abs. 1 Nr. 7 EStG: AfA für Gebäude (51.916 € × 2 %)		1.038 €
Einkünfte		**2.644 €**

Ermittlung der Einkünfte; VZ 19
Einkünfte aus Vermietung und Verpachtung
Die Einkünfte sind wie folgt zu ermitteln:

Position	gesamt	OG betreffend
Einnahmen gem. § 8 Abs. 1 EStG (2 Monate)		800 €
Werbungskosten:		
§ 9 Abs. 1 S. 1 EStG: sonst. Gebäudeaufwendungen	1.000 €	375 €
§ 9 Abs. 1 Nr. 2 EStG: Grundsteuer, Versicherung, Müllabfuhr	540 €	203 €
§ 9 Abs. 1 Nr. 7 EStG: AfA für Gebäude (51.916 € × 2 % × $^2/_{12}$) R 7.4 Abs. 8 S. 1 EStR; nur bis Vermietungsabsicht entfiel		173 €
Einkünfte		**49 €**

Verkauf des Grundstücks; § 22 Nr. 2 EStG
Es handelt sich um die Veräußerung eines Grundstücks im Privatvermögen, soweit das OG betroffen ist. Soweit das EG betroffen ist, handelt es sich um einen Verkauf von Betriebsvermögen, der bei den Einkünften aus Gewerbebetrieb zu versteuern ist. Bzgl. des Verkaufs des OG ist somit ein privates Veräußerungsgeschäft nach § 22 Nr. 2 i.V.m. § 23 Abs. 1 Nr. 1 EStG zu prüfen. Zwischen der Anschaffung (03.10.16) und der Veräußerung (Jahr 19) liegen weniger als 10 Jahre; § 23 Abs. 1 Nr. 1 S. 1 EStG. Für das OG ist der Ausschluss-

tatbestand des § 23 Abs. 1 Nr. 1 S. 3 EStG nicht einschlägig, da der Gebäudeteil im gesamten Zeitraum nicht ausschließlich eigenen Wohnzwecken diente bzw. im Jahr der Veräußerung und in den beiden vorangegangenen Kalenderjahren nicht zu Wohnzwecken diente (auch der Leerstand vor Veräußerung kann nicht als zu eigenen Wohnzwecken angesehen werden), sodass A für diesen Anteil sonstige Einkünfte gem. § 22 Nr. 2 EStG i.V.m. § 23 Abs. 1 Nr. 1 EStG (Privates Veräußerungsgeschäft) erzielt. Dabei handelt es sich um Überschusseinkünfte gem. § 2 Abs. 2 Nr. 2 EStG.

Ermittlung Veräußerungsgewinn gem. § 23 Abs. 3 S. 1 + 4 EStG
Aufteilung nach dem Verhältnis der Nutzfläche (60/160) 37,50 %

	Anteiliger Veräußerungspreis	300.000 € × 37,50 %	112.500 €
./.	Ursprgl. AK GruBo für OG		25.959 €
./.	(AK ./. AfA OG); Restwert	vgl. Nebenrechnung unten	49.667 €
./.	ant. Veräußerungskosten		375 €
	Veräußerungsgewinn		**36.499 €**

Nebenrechnung zu Bestimmung des Restwerts (R 7.4 Abs. 8 S. 1 EStR)

	Ursprüngliche AK	51.916 €
./.	AfA 17	1.038 €
./.	AfA 18	1.038 €
./.	AfA 19	173 €
	Restwert OG	**49.667 €**

Der Veräußerungsgewinn ist nach § 11 Abs. 1 S. 1 EStG mit Zufluss des Veräußerungspreises in 19 anzusetzen.

Er ist auch anzusetzen, da die Freigrenze des § 23 Abs. 3 S. 5 EStG in Höhe von 600 € überschritten wurde.

Einkünfte aus Gewerbebetrieb
Einkünfte aus Gewerbebetrieb (Tattoostudio 2); § 15 Abs. 1 Nr. 1 EStG: ./. 1.000 €
Die Betriebseinnahmen gem. § 8 Abs. 1 EStG analog betragen lt. SV unstreitig: 30.000 €
Der anteilige Veräußerungspreis stellt ebenso BE dar, da Verkauf von BV: 187.500 €
Die Betriebsausgaben gem. § 4 Abs. 4 EStG betragen lt. SV unstreitig: 25.000 €

Die im Zusammenhang mit dem Grundstück entstandenen Aufwendungen im VZ 19 stellen weitere Betriebsausgaben dar, soweit sie den Anteil des EG betreffen, da sie betrieblich veranlasst sind (x 62,5 %).
Grundsteuer   63 €
Müllabfuhr   125 €
Gebäudehaftpflichtversicherung   150 €
Sonstige Ausgaben   625 €

Hinzu kommt die AfA nach § 7 Abs. 4 Nr. 1 EStG i.V.m. R 7.4 Abs. 8 S. 1 EStR:
86.500 € × 3 % × $\frac{6}{12}$ =   1.298 €
Die anteiligen Veräußerungskosten stellen BA dar, da betrieblich veranlasst.   625 €

Die Anschaffungskosten für den GruBo stellen im Zeitpunkt des Zuflusses des Veräußerungserlöses BE dar; § 4 Abs. 3 S. 4 + 5 EStG (n.F.).
BA   43.250 €

Der Restwert des Gebäudes stellt ebenso eine BA dar; vgl. H 4.5 Abs. 3 EStH.

Ermittlung des Restwertes

	Ursprüngliche AK	86.500 €	
./.	AfA 16 (86.500 × 3 % × 2/12)	433 €	
./.	AfA 17	2.595 €	(s. VZ 17)
./.	AfA 18	2.595 €	
./.	AfA 19	1.298 €	
	Restwert EG	**79.579 €**	

BA	79.579 €
Summe BE	217.500 €
Summe BA	150.715 €
Gewinn	**66.785 €**

Punktetabelle zur Prüfungsklausur aus dem Fach Einkommensteuer

	Punkte
Vorabprüfung Gebäude	
Vor-St im OG nicht abziehbar + Begr.	1
Vor-St im EG abziehbar + Begr.	2
Unterschiedliche Gebäudenutzung = verschiedene WG'er + Begr.	3
EG = notw. BV + Begr. für Gebäude und Grund und Boden	4
Grund und Boden = § 4 Abs. 3 S. 4 + 5 EStG	5
Gebäude = § 4 Abs. S. 3 EStG	6
§ 7 Abs. 5a + § 7 Abs. 4 Nr. 1 EStG + Begr.	7
OG = Privatvermögen	8
Für Gebäude AfA § 9 Abs. 1 Nr. 7 EStG	9
§ 7 Abs. 5a + 7 Abs. 4 Nr. 2a) EStG	10
§ 9b Abs. 1 EStG bei Ermittlung Anschaffungskosten beachten	11
Kosten für Hypothek keine Berücksichtigung wg. § 11 Abs. 2 EStG	12
Zutreffende Ermittlung AK	13
Zutreffende Ermittlung AK	14
Zutreffende Ermittlung AK (insg. 207.625 €)	15
Zutreffende Aufteilung nach den Verkehrswerten	16
Zutreffende Aufteilung nach Nutzungsverhältnissen	17

	Punkte
Ermittlung Einkünfte VZ 17	
Einkünfte aus Gewerbebetrieb § 15 Abs. 1 Nr. 1 EStG	18
Gewinneinkünften § 2 Abs. 2 Nr. 1 EStG	19
BE § 4 Abs. 4 i.U. 50.000 €; BA § 4 Abs. 4 EStG 30.000 €	20
Weitere BA (Grundsteuer etc.)	21
Berechnung AfA + Ermittlung Gewinn	22
Einkünfte aus Vermietung und Verpachtung § 21 Abs. 1 Nr. 1 EStG	23
Überschusseinkünfte § 2 Abs. 2 Nr. 2 EStG	24
Erhaltungsaufwand + Begr.	25
Ermittlung Einnahmen § 8 Abs. 1 EStG	26
Ermittlung Werbungskosten § 9 Abs. 1 S. 1 EStG	27
Ermittlung Werbungskosten § 9 Abs. 1 Nr. 2 EStG	28
Ermittlung AfA § 9 Abs. 1 Nr. 7 EStG	29
Ermittlung Einkünfte	30
Ermittlung Einkünfte VZ 18	
Pkw = notw. BV + Begr.; Anlagevermögen; abnutzbar	31
Anlagevermögen; abnutzbar	32
Ermittlung AK: 51.000 €	33
Zutreffende Ermittlung AfA + Ansatz lfd. Kosten als BA	34
Nutzungsentnahme § 4 Abs. 1 S. 2 EStG	35
§ 6 Abs. 1 Nr. 4 S. 3 EStG: Fahrtenbuchmethode	36
Zutreffende Ermittlung	37
§ 3 Abs. 9a Nr. 1 UStG; § 10 Abs. 4 Nr. 2 UStG	38
Zutreffende Ermittlung der Umsatzsteuer	39
§ 12 Nr. 3 EStG: Ansatz gewinnerhöhend	40
§ 4 Abs. 5 Nr. 6 EStG	41
Zutreffende Ermittlung tatsächliche Kosten	42
Zutreffende Ermittlung EntfP; § 9 Abs. 1 Nr. 4 EStG	43
Beurteilung Januar bis März: Ansatz EntfP als weitere BA	44
Ermittlung Gewinn	45
Ermittlung Einkünfte § 21 EStG	46
Ermittlung Einkünfte VZ 19	
Ermittlung Einkünfte § 21 EStG	47
AfA bis Ende Vermietungsabsicht	48

	Punkte
§ 22 Nr. 2 i.V.m. § 23 Abs. 1 Nr. 1 EStG	**49**
Begr. privates Veräußerungsgeschäft (weniger 10 Jahre)	**50**
Prüfung § 23 Abs. 1 Nr. 1 S. 3 EStG	**51**
Formel Veräußerungsgewinn; § 23 Abs. 3 S. 1 und 4 EStG	**52**
Ermittlung Restwert	**53**
Zutreffende Ermittlung Veräußerungsgewinn inkl. Veräußerungskosten	**54**
Freigrenze 600 € überschritten § 23 Abs. 3 S. 5 EStG	**55**
Ansatz Veräußerungsgewinn im Zeitpunkt des Zuflusses; § 11 Abs. 1 EStG	**56**
Ermittlung Einkünfte § 15 EStG	**57**
BA bis Veräußerung, AfA bis Veräußerung, R 7.4 Abs. 8 S. 1 EStR	**58**
AK für Grund und Boden; § 4 Abs. 3 S. 4 und 5 EStG	**59**
Ermittlung Restwert für Gebäude	**60**
Restwert Gebäude = BA	**61**
Ermittlung Gewinn	**62**

Fall 3:

Übungsklausur aus dem Fach Abgabenordnung

Themenkreis: Angehörige, Mitwirkungspflichten, Auskunftspflichten, Vorlage von Urkunden, Auskunftsverweigerungsrecht, Einspruchsfrist

Schwierigkeitsgrad: 1. fachtheoretischer Ausbildungsabschnitt

Bearbeitungszeit: 2 Stunden

Hilfsmittel: Beck'sche Bände
  - Steuergesetze
  - Steuerrichtlinien
  BGB

Anlage: Kalender

I.   Sachverhalte

Sachverhalt 1

Der im Amt ergraute StOI Kuno Weich ist Bearbeiter einer Amtsprüfstelle beim Finanzamt Speyer/Rhein. Es liegen ihm vor:

1. Die Einkommensteuererklärung 16 seiner geschiedenen Ehefrau Kleo Weich geb. Zart;
2. die Umsatzsteuer- und Gewerbesteuererklärung 16 seiner Stiefmutter Klara Weich geb. Soft, verwitwete Sanft;
3. die Einkommensteuererklärung 16 seiner jüngeren Stiefschwester Tina Sanft (Tochter von Klara Weich aus erster Ehe – vergleiche Nr. 2);
4. die Einkommensteuererklärung 16 seiner Nichte Dolly sowie deren Ehemann;
5. die Einkommensteuererklärung 16 seiner inzwischen verheirateten Pflegetochter Susi sowie deren Ehemann. Beide haben die Zusammenveranlagung nach §§ 26, 26b EStG beantragt.

Sachverhalt 2

Huschke Hektik (H) hat am 13.08.17 in aller Eile die gemeinsame Einkommensteuererklärung 16 für sich und seine Ehefrau fertiggestellt. Da sich seine Ehefrau an diesem Tag mit einer Freundin auf einem Einkaufstrip in London befand, hat nur er die Einkommensteuererklärung unterzeichnet und noch am gleichen Tag in den Hausbriefkasten des Finanzamts eingeworfen.

In der Anlage V zur Einkommensteuererklärung 16 hat H bei dem ihm allein gehörenden vermieteten Zweifamilienhaus ohne nähere Erläuterungen Erhaltungsaufwendungen in Höhe von 15.000 € als Werbungskosten abgesetzt; entsprechende Belege sind auch nicht beigefügt worden.

Bei Bearbeitung der Steuererklärung bittet deshalb der zuständige Bearbeiter, StI Karl Korrekt (K), den H telefonisch um Auskunft über die betreffenden Aufwendungen. Da sich H in Terminschwierigkeiten befindet, bittet er K um ein schriftliches Auskunftsersuchen, damit er sich in aller Ruhe mit der Sache befassen könne.

K fordert daher H unter Hinweis auf die gemeinsame Einkommensteuererklärung 16 mit Schreiben vom 14.09.17 auf, die Erhaltungsaufwendungen näher zu erläutern und die entsprechenden Belege an Amtsstelle vorzulegen.

Sachverhalt 3

Die Steuerpflichtige Bella Bunt (B) betreibt in Mainz eine Boutique. Aufgrund der eingereichten Einkommensteuererklärung 16 führte das Finanzamt die Einkommensteuerveranlagung 16 durch. Es wich dabei nicht von der Steuererklärung ab.

Der Einkommensteuerbescheid 16 wurde am 17.10.17 zur Post gegeben. B erhielt den Bescheid am 18.10.17. Erst am 19.11.17 reichte sie den Steuerbescheid 16 an ihren steuerlichen Berater, den Steuerberater Gisbert Schamper (Sch), weiter. Am 21.11.17 schließlich stellte Sch zu seinem Entsetzen fest, dass ihm bei der Ermittlung des gewerblichen Gewinns in seinen Unterlagen ein Fehler unterlaufen war. Sch fertigte deshalb sofort ein Schreiben an das Finanzamt Mainz, mit dem er Einspruch gegen den Einkommensteuer-bescheid 16 einlegt. Das Einspruchsschreiben ging am 22.11.17 beim Finanzamt Mainz ein.

II.   Aufgaben
Zu Sachverhalt 1
Nehmen Sie bitte unter Angabe der einschlägigen gesetzlichen Vorschriften ausführlich dazu Stellung, ob StOI Weich die Veranlagungen durchführen darf.

Soweit im Einzelfall Verwandtschaft bzw. Schwägerschaft gegeben ist, ist auch Linie und Grad der Ver-wandtschaft bzw. Schwägerschaft zu bestimmen.

Zu Sachverhalt 2
1. Ist die Einkommensteuererklärung 16 der Eheleute H form- und fristgerecht beim Finanzamt eingegan-gen?
2. Ist die Ermittlungsmaßnahme des Finanzamts gegen H rechtmäßig?
3. Konnte – die Rechtmäßigkeit der Ermittlungsmaßnahme unterstellt – H die gewünschte Mitwirkung verweigern?

Zu Sachverhalt 3
1. Prüfen Sie bitte, ob der Einspruch rechtzeitig beim Finanzamt Mainz eingegangen ist.
2. Verwenden Sie dabei den Kalender 17 in der Anlage.
3. Begründen Sie bitte die Fristberechnung unter genauer Angabe aller in Frage kommenden gesetzlichen Vorschriften.

Anlage Kalender
Auszug aus dem Kalender für das Jahr 17

August	September	Oktober	November
1 Mi	1 Sa	1 Mo	1 Allerheiligen
2 Do	2 Sonntag	2 Di	2 Fr
3 Fr	3 Mo	3 Tag der Dt. Einheit	3 Sa
4 Sa	4 Di	4 Do	4 Sonntag
5 Sonntag	5 Mi	5 Fr	5 Mo
6 Mo	6 Do	6 Sa	6 Di
7 Di	7 Fr	7 Sonntag	7 Mi
8 Mi	8 Sa	8 Mo	8 Do
9 Do	9 Sonntag	9 Di	9 Fr
10 Fr	10 Mo	10 Mi	10 Sa
11 Sa	11 Di	11 Do	11 Sonntag
12 Sonntag	12 Mi	12 Fr	12 Mo
13 Mo	13 Do	13 Sa	13 Di
14 Di	14 Fr	14 Sonntag	14 Mi
15 Mariä Himmelfahrt	15 Sa	15 Mo	15 Do
16 Do	16 Sonntag	16 Di	16 Fr
17 Fr	17 Mo	17 Mi	17 Sa

August	September	Oktober	November
18 Sa	18 Di	18 Do	18 Sonntag
19 Sonntag	19 Mi	19 Fr	19 Mo
20 Mo	20 Do	20 Sa	20 Di
21 Di	21 Fr	21 Sonntag	21 Mi
22 Mi	22 Sa	22 Mo	22 Do
23 Do	23 Sonntag	23 Di	23 Fr
24 Fr	24 Mo	24 Mi	24 Sa
25 Sa	25 Di	25 Do	25 Sonntag
26 Sonntag	26 Mi	26 Fr	26 Mo
27 Mo	27 Do	27 Sa	27 Di
28 Di	28 Fr	28 Sonntag	28 Mi
29 Mi	29 Sa	29 Mo	29 Do
30 Do	30 Sonntag	30 Di	30 Fr
31 Fr		31 Mi	

III. Lösungen
Sachverhalt 1

Gem. § 82 Abs. 1 Nr. 2 AO darf ein Amtsträger in einem Verwaltungsverfahren für eine Finanzbehörde nicht tätig werden, wenn er Angehöriger eines Beteiligten ist.

StOI Weich (W) ist Beamter und damit Amtsträger nach § 7 Abs. 1 AO. Das Veranlagungsverfahren ist Teil eines Verwaltungsverfahrens in Steuersachen.

Durch das Überprüfen der Steuererklärungen und die (abschließende) Zeichnung nimmt W Einfluss auf die Gestalt von Verwaltungsakten; er wird damit »tätig« im Sinne des § 82 AO.

Die Steuerpflichtigen, die er zu veranlagen hat, sind Beteiligte nach § 78 AO.

Es ist deshalb zu prüfen, ob Angehörigeneigenschaft vorliegt:

1. **Kleo Weich geb. Zart**

   W ist Angehöriger seiner geschiedenen Ehefrau nach § 15 Abs. 1 Nr. 2 i.V.m. Abs. 2 Nr. 1 AO; er darf die Veranlagung nicht durchführen.

2. **Stiefmutter Klara Weich**

   W ist Angehöriger nach § 15 Abs. 1 Nr. 3 AO. Sie ist mit W in gerader Linie im 1. Grad verschwägert (§ 1590 i.V.m. § 1589 BGB). Die Veranlagung bzw. die Festsetzung des einheitlichen Gewerbesteuermessbetrages darf W nicht durchführen.

3. **Stiefschwester Tina Sanft (S)**

   Es liegt keine Angehörigeneigenschaft i.S.d. § 15 Abs. 1 Nr. 4 AO vor, da S aus der ersten Ehe der Stiefmutter stammt und beide somit keinen Elternteil gemeinsam haben; sie stammt also nicht »von derselben dritten Person« ab (§ 1589 Satz 2 BGB).

   W darf die Veranlagung durchführen.

4. **Nichte Dolly**

   W ist Angehöriger seiner Nichte gem. § 15 Abs. 1 Nr. 5 AO. Es liegt Verwandtschaft in der Seitenlinie 3. Grades vor (§ 1589 BGB).

   W darf die Veranlagung seiner Nichte und deren Ehemann nicht durchführen.

5. Pflegetochter Susi

W ist Angehöriger der Susi gem. § 15 Abs. 1 Nr. 8 i.V.m. Abs. 2 Nr. 3 AO. Er darf die Veranlagung seiner Pflegetochter und deren Ehemann nicht durchführen.

Sachverhalt 2

1. Gem. § 150 Abs. 3 Satz 1 AO sind Steuererklärungen vom Steuerpflichtigen eigenhändig zu unterschreiben, wenn die Einzelsteuergesetze dies anordnen. Nach § 25 Abs. 3 EStG ist die Einkommensteuererklärung vom Steuerpflichtigen – in den Fällen der gemeinsamen Erklärung von den Ehegatten – eigenhändig zu unterschreiben. Da die Einkommensteuererklärung nur vom Steuerpflichtigen – nicht jedoch von der Ehefrau – unterschrieben worden ist, entspricht die Erklärung nicht der vorgeschriebenen Form. Steuererklärungen, die sich auf ein Kalenderjahr beziehen, sind spätestens 5 Monate danach abzugeben (§ 149 Abs. 2 Satz 1 AO). Die Einkommensteuererklärung 16 war somit bis zum 31.05.17 abzugeben. Die Erklärung ist mithin nicht fristgerecht beim Finanzamt eingereicht worden.

> **Hinweis!** Nach § 149 Abs. 2 AO n.F. sind Steuererklärungen erst 7 Monate nach Ablauf eines Kalenderjahres abzugeben (Steuermodernisierungsgesetz; ab VZ 2017). Im vorliegenden Fall hätte die Steuererklärung bis 31.07.17 vorliegen müssen. Die Erklärung wäre dann auch nicht fristgerecht eingereicht worden.

2. H ist als Beteiligter nach § 78 AO zur Mitwirkung verpflichtet (§§ 90 Abs. 1, 93 Abs. 1 und 97 Abs. 1 AO). Da Auskunftsersuche grundsätzlich formfrei sind, konnte K den H telefonisch um Auskunft bitten. Verlangt der Auskunftspflichtige jedoch Schriftform, so hat das Auskunftsersuchen schriftlich zu ergehen (§ 93 Abs. 2 Satz 2 AO).
   Im Schreiben vom 14.09.17 hat K angegeben, worüber Auskunft verlangt wird bzw. welche Urkunden vorzulegen sind und dass die Aufforderung die eigene Steuerangelegenheit des H betrifft (§§ 93 Abs. 2 Satz 1, 97 Abs. 1 Satz 2 AO).
   Zwar soll das Finanzamt grundsätzlich die Vorlage von Urkunden erst verlangen, wenn der Beteiligte eine Auskunft nicht oder nicht ausreichend erteilt (§ 97 Abs. 2 Satz 1 AO), aber ein Verstoß gegen diese Vorschrift liegt hier nicht vor, da H eine steuerliche Vergünstigung (= Abzug von Werbungskosten) begehrt (§ 97 Abs. 2 Satz 2 AO).
   Die Ermittlungsmaßnahme des Finanzamts war somit rechtmäßig.

3. H steht als dem Beteiligten kein Auskunftsverweigerungsrecht nach §§ 101 ff. AO zu. Folglich kann er auch die Vorlage von Urkunden nicht verweigern (§ 104 Abs. 1 AO).

Sachverhalt 3

Der Einkommensteuerbescheid 16 ist ein schriftlicher Verwaltungsakt.

Nach § 122 Abs. 2 Nr. 1 AO gilt er mit dem dritten Tag nach der Aufgabe zur Post als bekannt gegeben. Tag der Bekanntgabe ist somit der 20.10.17. Der tatsächlich frühere Zugang bei der Steuerpflichtigen ist unbeachtlich. Da der Tag der Bekanntgabe ein Samstag ist, ist § 108 Abs. 3 AO für die Dreitageregelung des § 122 Abs. 2 Nr. 1 AO anzuwenden. Die Bekanntgabe gilt am Montag, 22.10.17 als erfolgt

Die Einspruchsfrist beginnt am 23.10.17 (§ 108 Abs. 1 AO i.V.m. § 187 Abs. 1 BGB). Die Einspruchsfrist dauert einen Monat (§ 355 Abs. 1 AO). Sie endet mit Ablauf des 22.11.17 (§ 108 Abs. 1 AO i.V.m. § 188 Abs. 2 BGB).

Der Einspruch ist somit rechtzeitig beim Finanzamt eingegangen.

Punktetabelle zur Übungsklausur aus dem Fach Abgabenordnung

	Punkte
Sachverhalt 1	
§ 82 Abs. 1 Nr. 2 AO	1

	Punkte
Amtsträger darf in einem Verwaltungsverfahren nicht tätig werden, wenn er Angehöriger eines Beteiligten ist	2
W ist als Beamter Amtsträger nach § 7 Abs. 1 AO	3
Das Veranlagungsverfahren ist Verwaltungsverfahren	4
Die Stpfl. sind Beteiligte i.S.d. § 78 AO	5
zu 1.:	
geschiedene Ehefrau § 15 Abs. 1 Nr. 2 i.V.m. Abs. 2 Nr. 1 AO	6
zu 2.:	
Stiefmutter ist Angehörige nach § 15 Abs. 1 Nr. 3 AO	7
verschwägert 1. Grad grader Linie	8
zu 3.:	
keine Angehörigeneigenschaft nach § 15 Abs. 1 Nr. 4 AO	9
kein gemeinsamer Elternteil	10
zu 4.:	
Angehöriger i.S.d. § 15 Abs. 1 Nr. 5 AO	11
verwandt 3. Grad Seitenlinie	12
zu 5.:	
Angehöriger i.S.d. § 15 Abs. 1 Nr. 8 i.V.m. Abs. 2 Nr. 3 AO	13
Sachverhalt 2	
zu 1.:	
§ 150 Abs. 3 Satz 1 AO: eigenhändige Unterschrift	14
§ 25 Abs. 3 EStG: Eheleute eigenhändig unterschreiben	15
Einkommensteuererklärung nicht formgerecht	16
Abgabe Erklärung bis 31.05.17 § 149 Abs. 2 Satz 1 AO	17
nicht fristgerecht	18
zu 2.:	
H ist Beteiligter nach § 78 AO	19
Mitwirkungspflicht nach § 90 Abs. 1 AO	20
Auskunftsersuche grundsätzlich formfrei	21
auf Verlangen schriftlich § 93 Abs. 2 Satz 2 AO	22
Voraussetzungen des § 93 Abs. 2 Satz 1 AO sind erfüllt	23
Grundsatz für die Vorlage von Urkunden § 97 Abs. 2 Satz 1 AO	24
Ausnahme § 97 Abs. 2 Satz 2 AO	25
zu 3.:	
Als Beteiligter hat H kein Auskunftsverweigerungsrecht nach §§ 101 ff. AO	26

	Punkte
Vorlage von Urkunden nicht verweigern § 104 Abs. 1 AO	27
Sachverhalt 3	
Einkommensteuerbescheid ist schriftlicher Verwaltungsakt	28
§ 122 Abs. 2 Nr. 1 AO	29
20.10.17	30
tatsächlicher Zugang unbeachtlich	31
Da Samstag § 108 Abs. 3 AO	32
Bekanntgabe Montag, 22.10.17	33
Einspruchsfrist Beginn 23.10.17	34
§ 108 Abs. 1 AO i.V.m. § 187 Abs. 1 BGB	35
ein Monat § 355 Abs. 1 AO	36
Fristende Ablauf 22.11.17	37
§ 108 Abs. 1 AO i.V.m. § 188 Abs. 2 BGB	38
Einspruch fristgerecht	39
§ 110 Abs. 1 AO	40
Sonderpunkt für besonders ausführliche Begründung in Einzelfällen	S 1

Notentabelle		
Korrekturpunkte	**Punkte nach § 6 Abs. 1 StBAPO**	**Note**
40–38	15	1
37–36	14	
35	13	2
34–33	12	
32–31	11	
30–29	10	3
28–27	9	
26–25	8	
24	7	4
23–22	6	
21–20	5	
19–16	4	5
15–12	3	
11–8	2	
7–4	1	6
3–0	0	

Fall 4:

Prüfungsklausur aus dem Fach Abgabenordnung

Themenkreis: Angehörige, schlichte Änderung nach § 172 Abs. 2 Nr. 1 Buchst. a AO, Grundlagenbescheid – Folgebescheid, neue Tatsachen, offenbare Unrichtigkeiten, Aussetzung der
Vollziehung, Einspruchsverfahren, Festsetzungsverjährung

Schwierigkeitsgrad: Laufbahnprüfung

Bearbeitungszeit: 3 Stunden

Hilfsmittel: Beck'sche Bände

- Steuergesetze
- Steuerrichtlinien

BGB

Anlage: Kalender

Vorbemerkung

Nehmen Sie zu sämtlichen Fragen unter genauer Angabe der gesetzlichen Bestimmungen kurz, aber erschöpfend Stellung.

Etwaige erforderliche Fristberechnungen sind detailliert darzustellen.

I.   Sachverhalt 1

Der in Mannheim wohnhafte Olaf Nuschel hatte im Kj. 15 neben seinen Einkünften als Arbeitnehmer noch Mieteinkünfte i.H.v. 10.000 €. Der Einkommensteuerbescheid 15 vom 29.01.17, mit einer Abschlusszahlung von 3.000 €, wurde mit einfachem Brief zur Post gegeben und ging am 30.01.17 zu.

Nuschel rief am 27.02.17 beim Finanzamt Mannheim an und erzählte der zuständigen Bearbeiterin Frieda Flinke, dass er noch zusätzliche, bisher noch nicht geltend gemachte Spenden i.H.v. 700 € erbracht habe und er diesbezüglich um eine Änderung des Einkommensteuerbescheides 15 bitte. Flinke teilte dem Nuschel mit, dass sie ihm einen geänderten Bescheid schicken werde. Über das Telefonat fertigte sie eine Gesprächsnotiz.

Den Spendenbeleg über 700 € legte Nuschel am 02.03.17 persönlich beim Finanzamt Mannheim vor. Gleichzeitig informierte er sich über die Berechnung seiner Einkünfte im Einkommensteuerbescheid 13 vom 13.02.16.

Am 06.03.17 ging beim Finanzamt Mannheim folgendes Schreiben des Nuschel ein:

Olaf Nuschel Hauptstr. 1 Mannheim	Mannheim, 05.03.17

Eingangstempel FA Mannheim
06.03.17

Finanzamt Mannheim
Postfach
Mannheim

Betreff: Einkommensteuerbescheide 14 und 15

Bezug: Telefonat mit Frau Flinke vom 27.02.17

Anlagen: Körperbehindertenbescheid (gültig ab 01.01.15)
– Grad der Behinderung 50 %
5 Belege Krankheitskosten für Kj. 15
1 Beleg Gewerkschaftsbeitrag für Kj. 14

Sehr geehrte Frau Flinke,

mein telefonischer Änderungsantrag vom 27.02.17 betreffend den Einkommensteuerbescheid 15 war leider nicht vollständig. In 15 sind zusätzliche Krankheitskosten i.H.v. 2.000 € angefallen. Diese außergewöhnlichen Belastungen habe ich bisher, wie auch den Pauschbetrag für Behinderte (beigefügter Ausweis ist ab 01.01.15 gültig), nicht geltend gemacht, da ich nicht wollte, dass Sie diese persönlichen Dinge von mir erfahren. Angesichts der hohen Nachzahlung habe ich mich jetzt entschlossen, diese Kosten doch geltend zu machen. Bitte berücksichtigen Sie diese Krankheitskosten und den Pauschbetrag für Körperbehinderte neben den bereits am 27.02.17 beantragten Spenden.

Auch der Einkommensteuerbescheid 14 ist leider falsch. Bei der Addition der Werbungskosten auf der Anlage V ist mir ein Rechenfehler unterlaufen (1.000 € + 500 € = 1.000 €), der Ihnen hätte auffallen müssen. Die Einkünfte sind also um 500 € zu mindern.

Auf der Anlage N habe ich den Gewerkschaftsbeitrag wegen eines Zahlendrehers nur mit 123 € statt mit 321 € erklärt. Diesen Fehler konnten Sie nicht erkennen, da ich keinen Beleg vorgelegt hatte. Der bisher fehlende Beleg ist jetzt als Anlage beigefügt.

Für die Nachzahlung 15 i.H.v. 3.000 € beantrage ich Aussetzung der Vollziehung, da sich bei Berücksichtigung all meiner Kosten mit Sicherheit keine Nachzahlung mehr ergibt.

Mit freundlichen Grüßen
Olaf Nuschel

Bei der Überprüfung der Angelegenheit stellt Flinke fest, dass die Einwendungen des Nuschel richtig sind. Dies gilt auch für die Feststellung, dass sich nach eventuellen Korrekturen für 15 keine Nachzahlung mehr ergäbe.

II.   Aufgabe zu Sachverhalt 1

1. Hinsichtlich welcher Punkte in den Anträgen vom 27.02.17 und 05.03.17 kann der Einkommensteuerbescheid 15 geändert werden und ggf. nach welchen Vorschriften?

2. Was hat das Finanzamt zu veranlassen, wenn es einem Änderungsantrag nicht vollständig entsprechen kann und wie kann der Steuerpflichtige dagegen vorgehen?

3. Kann das Finanzamt dem Änderungsantrag betreffend die Einkommensteuer 14 entsprechen und ggf. nach welchen Vorschriften? Die Berechnung der Einspruchsfrist für den Einkommensteuerbescheid 14 ist nicht erforderlich, da diese offensichtlich schon abgelaufen ist.

4. Ist die beantragte Aussetzung der Vollziehung der Einkommensteuernachzahlung 15 möglich?

III.   Sachverhalt 2
Ergänzung zu Sachverhalt 1

Bei der persönlichen Vorsprache des Nuschel am 02.03.17 beim Finanzamt Mannheim stellt die Bearbeiterin Flinke fest, dass Nuschel ihr Onkel ist. Flinke verspricht ihrem Onkel, dass die ggf. erforderlichen Änderungsbescheide schnellst möglich erlassen werden. Gegen den Änderungsbescheid 15 vom 16.03.17 legt Nuschel am 19.04.17 mit folgendem Schreiben Einspruch ein:

Olaf Nuschel	Mannheim, 19.04.17
Hauptstr. 1	
Mannheim	

Eingangsstempel FA Mannheim
19.04.17

Finanzamt Mannheim
Postfach
Mannheim

Betreff: Einkommensteuerbescheid 15 vom 16.03.17
Bezug: Persönliche Vorsprache vom 02.03.17

Sehr geehrte Frau Flinke,

gegen den o.g. Bescheid vom 16.03.17 lege ich hiermit fristgemäß Einspruch ein.
Von Freunden habe ich gehört, dass Finanzbeamte nicht die Steuerbescheide von Verwandten machen dürfen. Da Du meine Nichte bist, bitte ich um Aufhebung des o.g. Bescheides.
Für Deine Bemühungen bedanke ich mich im Voraus.

Mit verwandtschaftlichen Grüßen
Olaf Nuschel

IV.   Aufgabe zu Sachverhalt 2

1. Darf Flinke die Steuerangelegenheiten ihres Onkels Nuschel bearbeiten?
2. Prüfen Sie, ob ein zulässiger Einspruch vorliegt.
3. Prüfen Sie, ob der angefochtene Bescheid aufgehoben werden muss (Nehmen Sie die Prüfung auch dann vor, wenn Sie unter 2. zu einem unzulässigen Einspruch kommen).
4. Wie ist über den Einspruch des Nuschel zu entscheiden (Entscheidungsformel/Tenor angeben)?
5. Auf die eventuell auftretende Problematik des § 351 Abs. 1 AO ist nicht einzugehen.

V.   Sachverhalt 3

Ergänzung zu Sachverhalt 1 und 2

Durch die Fehler in den Einkommensteuerbescheiden 14 und 15 aufgeschreckt, überprüft Nuschel die Einkommensteuerbescheide der Vorjahre. Tatsächlich findet er im Einkommensteuerbescheid 11 einen Fehler bei der Addition der Werbungskosten auf der Anlage N (Dienstreisekosten 2.500 € + Fachliteratur 500 € = 2.000 €). Das Finanzamt hatte diesen Additionsfehler des Nuschel in den Einkommensteuerbescheid 11 übernommen.

Nuschel hatte in 11 neben seinen Einkünften als Arbeitnehmer noch Einkünfte aus Vermietung und Verpachtung i.H.v. 1.800 €. Die Einkommensteuererklärung 11 reichte er im März 12 beim Finanzamt ein. Durch ein Versehen des damaligen Sachbearbeiters O. Bock wurde die Veranlagung 11 erst im Kj. 16 durchgeführt. Der Bescheid wurde am 13.12.16 bekannt gegeben.

Am 14.12.17 ging beim Finanzamt Mannheim folgendes Schreiben des Nuschel ein:

Olaf Nuschel   Mannheim, 19.04.17
Hauptstr. 1
Mannheim

**Eingangstempel FA Mannheim
19.04.17**

Finanzamt Mannheim
Postfach
Mannheim

Betreff: Einkommensteuerbescheid 11

Sehr geehrte Damen und Herren,

der o.g. Bescheid für das Kj. 11 ist falsch, da mir bei der Erklärung 11 auf der Anlage N ein Additionsfehler unterlaufen ist. Da dem Finanzamt dieser Fehler hätte auffallen müssen, bitte ich um Erhöhung der Werbungskosten um 500 € und Änderung des Bescheides für das Kj. 11. Für Ihre Bemühungen bedanke ich mich im Voraus.

Mit freundlichen Grüßen
Olaf Nuschel

VI. Aufgabe zu Sachverhalt 3

Unterstellen Sie, dass die Voraussetzungen einer Korrektur nach § 129 AO vorliegen.

1. Durfte der Einkommensteuerbescheid 11 noch am 13.12.16 bekannt gegeben werden?
2. Überprüfen Sie, ob das Finanzamt dem Antrag des Nuschel vom 14.12.17 stattgeben und den Einkommensteuerbescheid 11 nach § 129 AO berichtigen kann.
3. Unterstellen Sie, dass der Antrag des Nuschel am 10.12.17 beim Finanzamt einging und der nach § 129 AO berichtigte Bescheid am 12.01.18 bekannt gegeben wurde.
4. Überprüfen Sie, ob der Erlass des Berichtigungsbescheides 11 im Jahr 17 noch rechtmäßig war.

VII. Aufgabe 4

Wodurch unterscheiden sich der Antrag auf »schlichte Änderung« und der Einspruch in ihren Voraussetzungen und Folgen?

Wo liegen die Vor- bzw. Nachteile?

Gehen Sie dabei auch auf die Festsetzungsverjährung ein.

Anlage Kalender
Auszug aus dem Kalender für das Jahr 17

Januar		Februar		März		April		Dezember	
1	Neujahr	1	Do	1	Do	1	Sonntag	1	Sa
2	Dienstag	2	Fr	2	Fr	2	Mo	2	Sonntag
3	Mi	3	Sa	3	Sa	3	Di	3	Mo
4	Do	4	Sonntag	4	Sonntag	4	Mi	4	Di
5	Fr	5	Mo	5	Mo	5	Do	5	Mi

Januar	Februar	März	April	Dezember
6 Hl. 3 Kg.	6 Di	6 Di	6 Fr	6 Do
7 Sonntag	7 Mi	7 Mi	7 Sa	7 Fr
8 Mo	8 Do	8 Do	8 Sonntag	8 Sa
9 Di	9 Fr	9 Fr	9 Mo	9 Sonntag
10 Mi	10 Sa	10 Sa	10 Di	10 Mo
11 Do	11 Sonntag	11 Sonntag	11 Mi	11 Di
12 Fr	12 Mo	12 Mo	12 Do	12 Mi
13 Sa	13 Di	13 Di	13 Karfreitag	13 Do
14 Sonntag	14 Mi	14 Mi	14 Sa	14 Fr
15 Mo	15 Do	15 Do	15 Ostersonntag	15 Sa
16 Di	16 Fr	16 Fr	16 Ostermontag	16 Sonntag
17 Mi	17 Sa	17 Sa	17 Di	17 Mo
18 Do	18 Sonntag	18 Sonntag	18 Mi	18 Di
19 Fr	19 Mo	19 Mo	19 Do	19 Mi
20 Sa	20 Di	20 Di	20 Fr	20 Do
21 Sonntag	21 Mi	21 Mi	21 Sa	21 Fr
22 Mo	22 Do	22 Do	22 Sonntag	22 Sa
23 Di	23 Fr	23 Fr	23 Mo	23 Sonntag
24 Mi	24 Sa	24 Sa	24 Di	24 Mo
25 Do	25 Sonntag	25 Sonntag	25 Mi	25 Di
26 Fr	26 Mo	26 Mo	26 Do	26 Mi
27 Sa	27 Di	27 Di	27 Fr	27 Do
28 Sonntag	28 Aschermitt-woch	28 Mi	28 Sa	28 Fr
29 Mo		29 Do	29 Sonntag	29 Sa
30 Di		30 Fr	30 Mo	30 Sonntag
31 Mi		31 Sa		31 Mo

VIII. Lösungen

Sachverhalt 1

Aufgabe 1

Spenden

Der Einkommensteuerbescheid 15 ist hinsichtlich der Spenden im Rahmen der so genannten schlichten Änderung nach § 172 Abs. 1 Nr. 2 Buchst. a AO zu korrigieren. Erforderlich hierzu ist, dass der entsprechende Antrag innerhalb der Einspruchsfrist gestellt worden ist.

Der am 29.01.17 mit einfachem Brief zur Post gegebene Einkommensteuerbescheid für das Kj. 15 gilt gem. § 122 Abs. 2 Nr. 1 AO als am 01.02.17 (Donnerstag) bekannt gegeben. Der tatsächliche frühere Zugang am 30.01.17 ist unbeachtlich.

Berechnung der Einspruchsfrist:

Beginn	§ 108 AO i.V.m. § 187 Abs. 1 BGB	02.02.17
Dauer	§ 355 Abs. 1 AO	1 Monat
Ende	§ 108 Abs. 1 AO, § 188 Abs. 2 BGB	mit Ablauf des 01.03.17 (Donnerstag)

Der Änderungsantrag wird von Nuschel im Telefonat vom 27.02.17 und damit rechtzeitig gestellt. Eine Form für die schlichte Änderung i.S.d. § 172 Abs. 1 Nr. 2 Buchst. a AO ist nicht vorgeschrieben. Die telefonische Antragstellung ist somit ausreichend.

Krankheitskosten und Pauschbetrag für behinderte Menschen

Der schriftliche Änderungsantrag vom 05.03.17 wegen der im Kj. 15 angefallenen Krankheitskosten und des Pauschbetrages für Körperbehinderte ist erst am 06.03.17 und damit nach Ablauf der Einspruchsfrist beim Finanzamt eingegangen.

Der Antrag auf schlichte Änderung kann nach Ablauf der Einspruchsfrist nicht mehr erweitert werden (AEAO zu § 172 Nr. 2). Eine Berücksichtigung im Rahmen der schlichten Änderung ist daher nicht möglich.

Der Bescheid des Versorgungsamts über die Körperbehinderung von 50 % ist allerdings ein Grundlagenbescheid i.S.d. § 171 Abs. 10 AO (AEAO zu § 175 Nr. 1). Der Einkommensteuerbescheid für das Kj. 15 ist wegen des Bescheids des Versorgungsamts nach § 175 Abs. 1 Nr. 1 AO zu ändern.

Die Krankheitskosten i.H.v. 2.000 € sind Tatsachen i.S.d. § 173 Abs. 1 AO. Diese werden dem Finanzamt erst nach der abschließenden Zeichnung des Verfügungsteiles der Einkommensteuererklärung 15 und damit nachträglich bekannt. Eine Änderung nach § 173 Abs. 1 Nr. 2 AO ist jedoch ausgeschlossen, da Nuschel die Aufwendungen bewusst in der Erklärung nicht angegeben hat und damit grobes Verschulden vorliegt.

Aufgabe 2

Soweit das Finanzamt einem Änderungsantrag nicht entsprechen kann, muss es ihn durch Steuerbescheid gem. § 155 Abs. 1 S. 3 AO ablehnen. Danach liegt eine Teilablehnung vor, soweit dem Antrag nicht entsprochen worden ist. Dies ist in den Erläuterungen zum Änderungsbescheid deutlich zum Ausdruck zu bringen und zu begründen.

Hiergegen ist gem. § 347 Abs. 1 Nr. 1 AO der Einspruch statthaft.

Aufgabe 3

Eine Änderung nach § 172 Abs. 1 Nr. 2 Buchst. a AO scheidet aus, da der Änderungsantrag offensichtlich erst nach Ablauf der Einspruchsfrist gestellt worden ist.

Der Rechenfehler in der Anlage V und der Schreibfehler (Zahlendreher) bei dem Gewerkschaftsbeitrag in der Anlage N zur Einkommensteuererklärung 14 sind grundsätzlich offenbare Unrichtigkeiten i.S.d. § 129 AO.

Gewerkschaftsbeitrag

Eine Berichtigung nach § 129 AO scheidet aus, da nach dieser Vorschrift nur Schreib- und Rechenfehler des Finanzamts, nicht aber solche Fehler des Steuerpflichtigen berichtigt werden dürfen. Ein aktenkundiger Übernahmefehler des Finanzamts liegt nicht vor, da der Beleg bei der Veranlagung nicht vorlag, sondern erst mit Schreiben vom 05.03.17 nachgereicht wird. Der Zahlendreher war für das Finanzamt bei der Veranlagung nicht ersichtlich.

Die Zahlung des Gewerkschaftsbeitrags an sich war dem Finanzamt bei der Veranlagung bereits bekannt. Die zutreffende Höhe des Betrags ist jedoch eine Tatsache, die dem Finanzamt erst nach Erlass des Einkommensteuerbescheids 14 bekannt geworden ist. Er ist insoweit nach § 173 Abs. 1 Nr. 2 AO zu ändern. Die versehentlich unzutreffende Angabe der Höhe des Gewerkschaftsbeitrags ist allenfalls als leicht fahrlässig anzusehen und begründet damit kein grobes Verschulden.

> **Anmerkung:** Mit Wirkung ab dem Veranlagungszeitraum 2017 greift auch § 173a AO. Demnach sind Steuerbescheide aufzuheben oder zu ändern, soweit dem Steuerpflichtigen bei Erstellung seiner Steuererklärung Schreib- oder Rechenfehler unterlaufen sind und er deshalb der Finanzbehörde bestimmte, nach den Verhältnissen zum Zeitpunkt des Erlasses des Steuerbescheids rechtserhebliche Tatsachen unzutreffend mitgeteilt hat. Der Zahlendreher stellt hierbei einen offenbaren Schreibfehler dar, der nach § 173a AO zu ändern ist.

Rechenfehler Anlage V

Bei der unzutreffenden Addition liegt ein Rechenfehler des Steuerpflichtigen und nicht des Finanzamts vor. Das Finanzamt hat den klar ersichtlichen Rechenfehler des Steuerpflichtigen jedoch als eigenen Fehler übernommen (aktenkundiger Übernahmefehler). Der Einkommensteuerbescheid 14 ist insoweit nach § 129 AO zu berichtigen.

Aufgabe 4

Eine Aussetzung der Vollziehung gem. § 361 AO ist nur im Einspruchsverfahren möglich. Da kein Einspruchsverfahren anhängig ist, ist die Aussetzung der Vollziehung mit Verwaltungsakt abzulehnen.

Sachverhalt 2

Aufgabe 1

Nuschel ist als Onkel mit Flinke in der Seitenlinie verwandt. Flinke ist damit nach § 15 Abs. 1 Nr. 7 AO Angehörige.

Sie ist nach § 82 Abs. 1 Nr. 2 AO als Angehörige des Beteiligten Nuschel (§ 78 AO) vom Tätigwerden im Verwaltungsverfahren (Einkommensteueränderungsbescheid 15) ausgeschlossen.

Flinke darf die Steuerangelegenheiten ihres Onkels Nuschel nicht bearbeiten.

Aufgabe 2

Der Einspruch gegen den Einkommensteuerbescheid 15 vom 16.03.17 ist statthaft nach § 347 Abs. 1 Nr. 1 und Abs. 2 AO. Der Einspruch ist schriftlich und somit formgerecht eingelegt (§ 357 Abs. 1 Satz 1 AO).

Nuschel ist beschwert i.S.d. § 350 AO, da er eine Rechtsverletzung geltend macht (Behauptung reicht aus).

Er ist auch befugt, Einspruch einzulegen, da er von dem Verwaltungsakt betroffen ist.

Der Einspruch ist innerhalb eines Monats nach Bekanntgabe des Einkommensteuerbescheides einzulegen (§ 355 Abs. 1 Satz 1 AO).

Fristberechnung:

Bekanntgabe	§ 122 Abs. 2 Nr. 1 AO	19.03.17
Beginn	§ 108 AO i.V.m. § 187 Abs. 1 BGB	20.03.17
Dauer	§ 355 Abs. 1 AO	1 Monat
Ende	§ 108 Abs. 1 AO, § 188 Abs. 2 BGB	mit Ablauf des 19.04.17

Das Einspruchsschreiben ist am 19.04.17 fristgerecht eingegangen. Der Einspruch ist somit zulässig (§ 358 AO).

Aufgabe 3

Da Flinke als ausgeschlossene Person nach § 82 Abs. 1 Nr. 2 AO (siehe Antwort zu Aufgabe 1.) tätig war, ist der Einkommensteuerbescheid vom 16.03.17 wegen dieses Verfahrensfehlers fehlerhaft und damit rechtswidrig. Der Bescheid ist nicht nichtig (§ 125 Abs. 3 Nr. 2 AO) und somit wirksam (§ 124 Abs. 3 AO). Eine Heilung ist in § 126 AO nicht vorgesehen.

§ 127 AO ist zu prüfen. Da es sich bei dem Einkommensteuerbescheid um einen gebundenen Verwaltungsakt handelt („... wenn keine andere Entscheidung hätte getroffen werden können"), ist allein der Verstoß gegen den § 82 Abs. 1 Nr. 2 AO auch im Einspruchsverfahren kein Aufhebungsgrund. Der Bescheid bleibt bestehen.

Aufgabe 4

Der Einspruch ist zulässig (siehe Antwort zu Aufgabe 2), aber unbegründet (siehe Antwort zu Aufgabe 3). Das Finanzamt entscheidet über den Einspruch durch Einspruchsentscheidung (§ 367 Abs. 1 Satz 1 AO).

Eine Abhilfe ist wegen Unbegründetheit nicht möglich (§ 367 Abs. 2 Satz 3 AO).

Der Einspruch ist als unbegründet zurückzuweisen.

Sachverhalt 3
Aufgabe 1

Die Steuerfestsetzung sowie die Änderung/Berichtigung des Einkommensteuerbescheides des Kj. 11 ist nicht mehr zulässig, wenn die Festsetzungsfrist abgelaufen ist (§ 169 Abs. 1 Satz 1 und 2 AO).

Für den Beginn der Festsetzungsfrist ist entscheidend, ob für das Kj. 11 eine Abgabepflicht bestand. Nach § 149 Abs. 1 AO, § 25 Abs. 3 EStG, § 56 Nr. 2b EStDV i.V.m. § 46 Abs. 2 Nr. 1 EStG (Einkünfte V + V mehr als 410 €) bestand für das Kj. 11 eine Abgabepflicht.

Nach § 170 Abs. 2 Nr. 1 AO beginnt die Festsetzungsfrist mit Ablauf des Jahres 12, da im März 12 die Steuererklärung eingereicht wurde.

Die Festsetzungsfrist dauert vier Jahre (§ 169 Abs. 2 Nr. 2 AO) und endet planmäßig mit Ablauf des Jahres 16.

Der Steuerbescheid 11 durfte am 13.12.16 noch bekannt gegeben werden.

Aufgabe 2

Im vorliegenden Fall ist die Ablaufhemmung des § 171 Abs. 2 AO zu prüfen. Danach endet die Festsetzungsfrist für die Einkommensteuer 11 nicht vor Ablauf eines Jahres nach Bekanntgabe des Bescheides, da laut Aufgabenstellung die Voraussetzungen für eine Berichtigung nach § 129 AO vorliegen.

Berechnung:

Bekanntgabe		13.12.16
Beginn	§ 108 Abs. 1 AO i.V.m. § 187 Abs. 1 BGB	14.12.16
Dauer	§ 171 Abs. 2 AO	1 Jahr
Ende	§ 108 Abs. 1 AO i.V.m. § 188 Abs. 2 BGB	mit Ablauf des 13.12.17

Da der Antrag des Nuschel erst am 14.12.17 beim Finanzamt einging, ist die Berichtigung des Einkommensteuerbescheides 11 nicht mehr möglich.

Aufgabe 3

Die Berichtigung des Bescheides nach § 129 AO ist auch noch nach dem 31.12.17 möglich, da der Antrag des Nuschel am 10.12.17 beim Finanzamt vor Ablauf der Festsetzungsfrist (= 13.12.17) einging und die Ablaufhemmung des § 171 Abs. 3 AO greift. Danach läuft die Festsetzungsfrist nicht ab, bis über den Antrag des

Nuschel vom 10.12.17 unanfechtbar entschieden worden ist. Die Bekanntgabe des Berichtigungsbescheides 11 am 12.01.18 ist daher rechtmäßig.

Aufgabe 4

1. Der Einspruch und der Antrag auf »schlichte Änderung« unterscheiden sich hinsichtlich der Form. Während der Einspruch der Schriftform bedarf (§ 357 Abs. 1 AO), kann der Antrag auf schlichte Änderung auch mündlich oder telefonisch gestellt werden.

2. Nach einem zulässigen Einspruch ist die Steuerfestsetzung in vollem Umfang erneut zu prüfen (§ 367 Abs. 2 Satz 1 AO). Der Einspruchsführer kann den Einspruchsantrag jederzeit erweitern, das Finanzamt kann Rechtsfehler aller Art im Rahmen des Einspruchsverfahrens beseitigen.

   Eine Verböserung ist möglich, aber nur nach vorhergehender Gewährung von rechtlichem Gehör (§ 367 Abs. 2 Satz 2 AO). Die Verböserung kann der Einspruchsführer durch Rücknahme des Einspruchs verhindern (§ 362 AO).

   Hingegen ist eine Erweiterung des Antrags auf schlichte Änderung nur bis zum Ablauf der Einspruchsfrist möglich; das Finanzamt kann allerdings im Rahmen einer »schlichten Änderung« materielle Fehler nach § 177 AO mit berichtigen.

3. Nach einem Einspruch kann Aussetzung der Vollziehung (§ 361 AO) gewährt werden. Dies ist nach einem Antrag auf schlichte Änderung nicht möglich.

4. Nach § 171 Abs. 3a AO läuft die Festsetzungsfrist für einen mit Einspruch angefochtenen Steuerbescheid nicht ab, bevor über den Einspruch unanfechtbar entschieden worden ist. Die Festsetzungsverjährung ist hinsichtlich des gesamten Bescheides in vollem Umfang gehemmt. Der Steuerpflichtige kann eine evtl. Verböserung nur durch Rücknahme des Einspruchs verhindern. Eine Erweiterung des Einspruchsantrags ist möglich.

   Der Umfang des Antrags auf schlichte Änderung bestimmt auch den Umfang der Ablaufhemmung nach § 171 Abs. 3 AO.

Punktetabelle zur Prüfungsklausur aus dem Fach Abgabenordnung

	Punkte
Sachverhalt 1	
Aufgabe 1	
Spenden	
§ 172 Abs. 1 Nr. 2 Buchst. a AO	1
der Antrag muss innerhalb der Einspruchsfrist gestellt sein	2
Bekanntgabe Einkommensteuerbescheid § 122 Abs. 2 Nr. 1 AO: 01.02.17	3
Fristbeginn für die Einspruchsfrist: 02.02.17 § 108 Abs. 1 AO i.V.m. § 187 Abs. 1 BGB	4
§ 355 Abs. 1 AO: ein Monat	5
Fristende mit Ablauf des 01.03.17 § 108 Abs. 3 AO i.V.m. § 188 Abs. 2 BGB	6
Änderungsantrag vom 27.02.17 ist form- und fristgerecht	7
Krankheitskosten und Pauschbetrag für Behinderte	
Antrag nach Ablauf der Einspruchsfrist keine Berücksichtigung gem. § 172 Abs. 1 Nr. 2 Buchst. a AO	8
Bescheid über Körperbehinderung Grundlagenbescheid i.S.d. § 171 Abs. 10 AO	9
Änderung nach § 175 Abs. 1 Nr. 1 AO	10

	Punkte
Krankheitskosten sind neue Tatsachen i.S.d. § 173 Abs. 1 AO	11
nachträglich bekannt	12
keine Änderung nach § 173 Abs. 1 Nr. 2 AO da grobes Verschulden	13
Aufgabe 2	
Ablehnung nach § 155 Abs. 1 Satz 3 AO	14
§ 347 Abs. 1 Nr. 1 AO Einspruch möglich	15
Aufgabe 3	
kein § 172 Abs. 1 Nr. 2 Buchst. a AO	16
§ 129 AO	17
Gewerkschaftsbeitrag	
kein Fehler des Finanzamts	18
zutreffende Höhe nachträglich bekannt geworden	19
Änderung nach § 173 Abs. 1 Nr. 2 AO; alternativ § 173a AO	20
kein grobes Verschulden	21
Rechenfehler Anlage Vorsteuer	
Finanzamt hat Rechenfehler des Steuerpflichtigen übernommen	22
Berichtigung nach § 129 AO möglich	23
Aufgabe 4	
§ 361 AO	24
nur im Einspruchsverfahren möglich	25
Sachverhalt 2	
Aufgabe 1	
Angehörige gem. § 15 Abs. 1 Nr. 7 AO	26
nach § 82 Abs. 1 Nr. 2 AO ausgeschlossen	27
Aufgabe 2	
Einspruch ist statthaft § 347 Abs. 1 Nr. 1 AO	28
formgerecht § 357 Abs. 1 AO	29
Beschwer gem. § 350 AO gegeben	30
Die Einspruchsfrist endet mit Ablauf des 19.04.17	31
Einspruch zulässig (§ 358 AO)	32
Aufgabe 3	
Einkommensteuerbescheid ist fehlerhaft und rechtswidrig	33
nicht nichtig § 125 Abs. 3 Nr. 2 AO	34
wirksam § 124 Abs. 3 AO	35

	Punkte
gebundener Verwaltungsakt § 127 AO	36
Aufgabe 4	
Einspruch unbegründet	37
Einspruch als unbegründet zurückweisen § 367 Abs. 1 AO	38
Sachverhalt 3	
Aufgabe 1	
Festsetzungsfrist beachten § 169 Abs. 1 AO	39
§ 170 Abs. 2 Nr. 1 AO	40
Beginn Festsetzungsfrist mit Ablauf Kj. 12	41
vier Jahre § 169 Abs. 2 Nr. 2 AO	42
Ende Ablauf 16	43
Bekanntgabe Steuerbescheid am 13.12.16 möglich	44
Aufgabe 2	
Ablaufhemmung § 171 Abs. 2 AO	45
Bei § 129 AO Ablaufhemmung ein Jahr nach Bekanntgabe des Bescheids	46
Ende der Ablaufhemmung mit Ablauf des 13.12.17	47
Antrag 14.12.17 zu spät	48
Aufgabe 3	
Antrag vor Ablauf Festsetzungsfrist Ablaufhemmung § 171 Abs. 3 AO	49
Ablaufhemmung bis Entscheidung über den Antrag	50
Bekanntgabe 21.01.18 rechtmäßig	51
Aufgabe 4	
Unterscheidung nach der Form Einspruch Schriftform	52
schlichte Änderung formfrei	53
Verböserung möglich § 367 Abs. 2 AO	54
Einspruch jederzeit erweitern	55
Erweiterung Antrag auf schlichte Änderung nur bis Ablauf Einspruchsfrist	56
Nach Einspruch Aussetzung der Vollziehung möglich	57
Bei Einspruch ist der gesamte Bescheid in vollem Umfang gehemmt § 171 Abs. 3a AO	58
Verböserung, Erweiterung und Rücknahme des Einspruchs möglich	59
Umfang schlicht Änderung bestimmt Umfang Ablaufhemmung § 173 Abs. 3 AO	60
Sonderpunkte für besonders ausführliche Begründung in Einzelfällen	S 1 S 2

Notentabelle		
Korrekturpunkte	**Punkte nach § 6 Abs. 1 StBAPO**	**Note**
60–57	15	1
56–55	14	
54–52	13	2
51–49	12	
48–46	11	
45–44	10	3
43–41	9	
40–38	8	
37–35	7	4
34–33	6	
32–30	5	
29–24	4	5
23–18	3	
17–12	2	
11–6	1	6
5–0	0	

Fall 5:

Übungsklausur aus dem Fach Steuererhebung

Themenkreis: Beginn der Vollstreckung, Vollstreckungsvoraussetzungen, Fälligkeiten, Angehörige, Amtshilfeersuchen, Abrechnung eines Einkommensteuerbescheids nach § 36 Abs. 2 EStG

Schwierigkeitsgrad: 1. fachtheoretischer Ausbildungsabschnitt

Bearbeitungszeit: 2 Stunden

Hilfsmittel: Beck'sche Bände
 • Steuergesetze
 • Steuerrichtlinien
 BGB

Anlage: Kalender

I.   Sachverhalte

Sachverhalt 1

Der Steuerschuldner K. Putt hat die mit Einkommensteuer-Bescheid 16 festgesetzte Einkommensteuer in Höhe von 5.555 € nicht entrichtet. Der Steuerschuldner wurde ordnungsgemäß zur Zahlung aufgefordert. Der Einkommensteuer-Bescheid 16 wurde am 28.08.17 zur Post gegeben. Bereits am 05.10.17 will das zuständige Finanzamt mit der Vollstreckung beginnen.

Sachverhalt 2

Der Steuerschuldner Z. Kopp ist zur Abgabe von vierteljährlichen Umsatzsteuer-Voranmeldungen verpflichtet. Ein Antrag auf Dauerfristverlängerung wurde nicht gestellt.

Am 01.10.17 geht die Umsatzsteuer-Voranmeldung für das 3. Quartal 17 des Z. Kopp beim zuständigen Finanzamt ein. Die darin ausgewiesene Umsatzsteuer-Zahllast beträgt 5.555 €. Bereits am 05.10.17 will das zuständige Finanzamt mit der Vollstreckung beginnen.

Sachverhalt 3 (Einzelfragen)

1. Wann beginnt im Regelfall die Vollstreckungsstelle mit der Vorbereitung der Vollstreckung?
2. Welche abgabenrechtlichen Folgen ergeben sich aus einer verspäteten Steuerzahlung?
3. Darf der Sachbearbeiter der Vollstreckungsstelle eine Pfändung von Vermögenswerten der Tochter der Schwester seiner Mutter vornehmen?
4. Angenommen, die festgesetzte Einkommensteuer würde laut Einkommensteuer-Bescheid 27.764 € betragen. Wieso ist es möglich, dass der Steuerpflichtige im Leistungsgebot lediglich zu einer Zahlung von Einkommensteuer in Höhe von 3.544 € aufgefordert wird?
 Nennen Sie mindestens zwei Möglichkeiten!
5. Kann die Umsatzsteuer aufgrund der Umsatzsteuer-Jahreserklärung 16 zum Beispiel mit Ablauf des 28.05.17 fällig sein?
6. Ein Vollstreckungsschuldner aus Stuttgart besitzt eine auf Dauer gemietete Ferienwohnung in Bayern (Zuständigkeitsbezirk des Finanzamts München), die er selbst eingerichtet hat. Das Finanzamt Stuttgart vermutet in der Wohnung pfändbare Vermögensgegenstände.
 Was hat das Finanzamt Stuttgart zu veranlassen, damit es dort zu einer Pfändungsmaßnahme kommen kann?
7. Der Vollstreckungsschuldner, ein Einzelhändler mit Ladengeschäft in der Fußgängerzone einer Stadt, öffnet sein Geschäft am verkaufsoffenen Sonntag. Der Kundenandrang ist groß. Darf – gegebenenfalls unter welchen Voraussetzungen – an dem Sonntag eine Vollstreckungsmaßnahme im Ladengeschäft vorgenommen werden?
8. Wie hat sich ein Vollziehungsbeamter bei einer Teilzahlung des Vollstreckungsschuldners zu verhalten?

II. Aufgaben

Aufgabe zu Sachverhalt 1

Überprüfen Sie:

1. ob das Finanzamt überhaupt zur Vollstreckung des Einkommensteuer-Bescheids für das Kj. 16 berechtigt ist;
2. ob am 05.10.17 mit der Vollstreckung begonnen werden kann.

Aufgabe zu Sachverhalt 2

Überprüfen Sie:

1. ob das Finanzamt überhaupt zur Vollstreckung der Umsatzsteuer-Voranmeldung für das 3. Quartal 17 berechtigt ist;
2. ob am 05.10.17 mit der Vollstreckung begonnen werden kann.

Aufgabe zu Sachverhalt 3

Beantworten Sie die gestellten Fragen kurz, jedoch mit entsprechender gesetzlicher Begründung.

Anlage Kalender

Auszug aus dem Kalender für das Jahr 17

August	September	Oktober
1 Mi	1 Sa	1 Mo
2 Do	2 Sonntag	2 Di
3 Fr	3 Mo	3 Tag der Dt. Einheit
4 Sa	4 Di	4 Do
5 Sonntag	5 Mi	5 Fr
6 Mo	6 Do	6 Sa
7 Di	7 Fr	7 Sonntag
8 Mi	8 Sa	8 Mo
9 Do	9 Sonntag	9 Di
10 Fr	10 Mo	10 Mi
11 Sa	11 Di	11 Do
12 Sonntag	12 Mi	12 Fr
13 Mo	13 Do	13 Sa
14 Di	14 Fr	14 Sonntag
15 Mariä Himmelfahrt	15 Sa	15 Mo
16 Do	16 Sonntag	16 Di
17 Fr	17 Mo	17 Mi
18 Sa	18 Di	18 Do
19 Sonntag	19 Mi	19 Fr
20 Mo	20 Do	20 Sa
21 Di	21 Fr	21 Sonntag

August	September	Oktober
22 Mi	22 Sa	22 Mo
23 Do	23 Sonntag	23 Di
24 Fr	24 Mo	24 Mi
25 Sa	25 Di	25 Do
26 Sonntag	26 Mi	26 Fr
27 Mo	27 Do	27 Sa
28 Di	28 Fr	28 Sonntag
29 Mi	29 Sa	29 Mo
30 Do	30 Sonntag	30 Di
31 Fr		31 Mi

III. Lösungen

Sachverhalt 1

1. Der Einkommensteuer-Bescheid ist ein Verwaltungsakt, der auf eine Geldleistung gerichtet ist. Nach § 249 Abs. 1 Satz 1 AO kann die Finanzbehörde diesen Verwaltungsakt vollstrecken.
2. Für den Beginn der Vollstreckung sind die Voraussetzungen des § 254 Abs. 1 AO zu prüfen:
   a) Die Leistung muss fällig sein.
      Nach § 220 Abs. 1 AO i.V.m. § 36 Abs. 4 Satz 1 EStG ist die Einkommensteuer einen Monat nach Bekanntgabe des Einkommensteuer-Bescheids fällig. Die Bekanntgabe erfolgt gem. § 122 Abs. 2 Nr. 1 AO drei Tage nach Aufgabe zur Post, somit am 31.08.17. Die Frist für die Fälligkeit beginnt nach § 108 Abs. 1 AO i.V.m. § 187 Abs. 1 BGB am 01.09.17. Die Frist würde nach § 108 Abs. 1 AO i.V.m. § 188 Abs. 2 BGB mit Ablauf des 31.09.17 enden. Da dieser Tag im September fehlt, endet die Frist gem. § 188 Abs. 3 BGB mit Ablauf des 30.09.17. Da dieser Tag ein Sonntag ist, endet die Frist nach § 108 Abs. 3 AO mit Ablauf des 01.10.17.
   b) Ein Leistungsgebot muss vorliegen.
      Nach § 254 Abs. 1 Satz 2 AO ist das Leistungsgebot mit dem Einkommensteuer-Bescheid verbunden.
   c) Die Vollstreckungsschonfrist ist zu beachten.
      Nach Bekanntgabe des Leistungsgebots muss mindestens eine Woche verstrichen sein. Das Leistungsgebot gilt am Freitag, den 31.08.17, als bekannt gegeben. Die Wochenfrist beginnt am Samstag, den 01.09.17 und endet mit Ablauf Freitag, den 07.09.17 (§ 108 Abs. 1 AO i.V.m. §§ 187 Abs. 1, 188 Abs. 2 BGB).
   Da die Voraussetzungen des § 254 Abs. 1 AO erfüllt sind, kann das Finanzamt am 05.10.17 mit der Vollstreckung beginnen.

Sachverhalt 2

1. Nach § 249 Abs. 1 Satz 2 AO können Steueranmeldungen wie Verwaltungsakte vollstreckt werden. Nach § 150 Abs. 1 Satz 2 AO handelt es sich bei der Umsatzsteuer-Voranmeldung um eine Steueranmeldung, da der Steuerpflichtige die Steuer selbst berechnen muss (§ 18 Abs. 1 Satz 1 UStG).
2. Die Voraussetzungen des § 254 Abs. 1 AO sind zu überprüfen:
   a) Die Leistung muss fällig sein.
      Die Umsatzsteuer-Vorauszahlung ist am 10. Tag nach Ablauf des Voranmeldungszeitraums fällig (§ 18 Abs. 1 Satz 3 UStG). Der Voranmeldungszeitraum für das 3. Quartal endet mit Ablauf des 30.09.17. Die Fälligkeit endet mit Ablauf Mittwoch, den 10.10.17.

b) Leistungsgebot

Nach § 254 Abs. 1 Satz 4 AO ist ein Leistungsgebot **nicht** erforderlich.

c) Schonfrist

Hat der Vollstreckungsschuldner eine vom ihm aufgrund einer Steueranmeldung geschuldete Leistung nicht erbracht, ist weder ein Leistungsgebot noch die Einhaltung der Wochenfrist erforderlich (Abschn. 19 Abs. 1 letzter Satz VollstrA).

Da die Leistung am 05.10.17 noch nicht fällig ist, kann nicht vollstreckt werden.

Sachverhalt 3

1. Nach Eingang der Rückstandsanzeige (Abschn. 20 Abs. 1 VollstrA) oder durch ein Amtshilfeersuchen (Abschn. 8 und 9 VollstrA).

2. Nach § 240 AO entstehen Säumniszuschläge.

3. Die Vollstreckungsschuldnerin ist keine Angehörige des Sachbearbeiters (§ 82 Abs. 1 AO ist hier nicht erfüllt; hier Cousine). Er ist daher nicht nach § 82 Abs. 1 Nr. 2 AO von der Bearbeitung ausgeschlossen.

4. • Durch die Anrechnung von Einkommensteuer-Vorauszahlungen gem. § 36 Abs. 2 Nr. 1 EStG.
   • Durch die Anrechnung von Lohnsteuer (§ 36 Abs. 2 Nr. 2 EStG).
   • Durch Anrechnung von Kapitalertragsteuer (§ 36 Abs. 2 Nr. 2 EStG) in Sonderfällen.

5. Nach § 18 Abs. 4 Satz 1 UStG ist die Steuer einen Monat nach Eingang der Steueranmeldung beim Finanzamt fällig. Die Jahreserklärung muss daher am 28.04.17 beim Finanzamt eingegangen sein.

6. Ein Vollstreckungsersuchen nach § 250 AO an das zuständige Finanzamt.

7. Vollstreckungshandlungen durch den Vollziehungsbeamten sind nach § 289 AO (Abschn. 10 Abs. 1 VollzA) nur mit einer besonderen Erlaubnis der Vollstreckungsstelle (Innendienst) zulässig. Dies gilt auch bei verkaufsoffenen Sonntagen.

8. Der Vollziehungsbeamte ist verpflichtet, die Vollstreckung des gesamten Rückstandes zu versuchen (Abschn. 7 Abs. 5 Satz 2 und 11 Abs. 1 VollzA). Der Vollziehungsbeamte muss die angebotene Teilleistung annehmen (Abschn. 25 Abs. 1 VollzA). Die Teilleistung ist auf die bestehende Schuld anzurechnen (Abschn. 27 Abs. 1 VollzA). Soweit nicht geleistet wird, hat der Vollziehungsbeamte die Pfändung zu versuchen (Abschn. 28 Abs. 1 VollzA).

Punktetabelle zur Übungsklausur aus dem Fach Steuererhebung

	Punkte
Sachverhalt 1	
ESt-Bescheid ist ein Verwaltungsakt, der auf eine Geldleistung gerichtet ist	1
§ 249 Abs. 1 Satz 1 AO: Vollstreckung möglich	2
§ 254 Abs. 1 AO	3
Fälligkeit: § 220 Abs. 1 AO i.V.m. § 36 Abs. 4 EStG	4
Ein Monat nach Bekanntgabe	5
§ 122 Abs. 2 Nr. 1 AO 31.08.17	6
Fristbeginn § 108 Abs. 1 AO i.V.m. § 187 Abs. 1 BGB: 01.09.17	7
Fristende § 108 Abs. 1 AO i.V.m. § 188 Abs. 2 BGB Ablauf 31.09.17	8
§ 188 Abs. 3 BGB	9
Ablauf 30.09.17 (Sonntag)	10
§ 108 Abs. 3 AO Ablauf 01.10.17	11

	Punkte
§ 254 Abs. 1 Satz 2 AO Leistungsgebot	12
Schonfrist eine Woche	13
Bekanntgabe Leistungsgebot Freitag 31.08.17	14
Beginn Wochenfrist Samstag 01.09.17	15
Ende mit Ablauf Freitag 07.09.17	16
Voraussetzungen § 254 Abs. 1 AO erfüllt; Finanzamt darf am 05.10.17 mit Vollstreckung beginnen	17
Sachverhalt 2	
§ 249 Abs. 1 Satz 2 AO: Steueranmeldungen wie Verwaltungsakte vollstrecken	18
§ 150 Abs. 1 Satz 2 AO	19
Stpfl. muss Steuer selbst berechnen § 18 Abs. 1 Satz 1 UStG	20
USt 10 Tage nach Ablauf des Voranmeldungszeitraums fällig § 18 Abs. 1 Satz 3 UStG	21
Fälligkeit Ablauf Mittwoch 10.10.17	22
§ 254 Abs. 1 Satz 4 AO: Leistungsgebot nicht erforderlich	23
Keine Schonfrist	25
Abschn. 19 Abs. 1 VollstrA	26
Am 05.10.17 kann nicht vollstreckt werden, da Leistung noch nicht fällig	27
Sachverhalt 3	
Frage 1	
Nach Eingang Rückstandsanzeige (Abschn. 20 Abs. 1 VollstrA)	28
Durch Amtshilfeersuchen (Abschn. 8 und 9 VollstrA)	29
Frage 2	
Säumniszuschläge nach § 240 AO	30
Frage 3	
Cousine keine Angehörige	31
Nicht nach § 82 Abs. 1 Nr. 2 AO ausgeschlossen	32
Frage 4	
Durch die Anrechnung von ESt-Vorauszahlungen § 36 Abs. 2 Nr. 1 EStG	33
Durch die Anrechnung von Lohnsteuer	34
Durch die Anrechnung von Kapitalertragsteuer (§ 36 Abs. 2 Nr. 2 EStG)	35
Frage 5	
§ 18 Abs. 4 Satz 1 UStG: Fälligkeit ein Monat nach Eingang der Steuererklärung	36
Eingang Jahreserklärung am 28.04.17	37

	Punkte
Frage 6	
Durch Vollstreckungsersuchen § 250 AO	38
Frage 7	
§ 289 AO bzw. Abschn. 10 Abs. 1 VollzA	39
Besondere Erlaubnis	40
Frage 8	
Vollstreckung gesamter Rückstand versuchen (Abschn. 7 Abs. 5 und 11 Abs. 1 VollzA)	41
Vollziehungsbeamter muss Teilleistung annehmen (Abschn. 25 Abs. 1 VollzA)	42
Teilleistung auf bestehende Schuld anrechnen (Abschn. 27 Abs. 1 VollzA)	43
Soweit nicht geleistet wird, Pfändung versuchen (Abschn. 28 Abs. 1 VollzA)	44
Sonderpunkte für besonders ausführliche Begründung in Einzelfällen	S 1 S 2

Notentabelle		
Korrekturpunkte	**Punkte nach § 6 Abs. 1 StBAPO**	**Note**
44–42	15	1
41–40	14	
39–38	13	2
37–36	12	
35–34	11	
33–32	10	3
31–30	9	
29–28	8	
27–26	7	4
25–24	6	
23–22	5	
21–18	4	5
17–13	3	
12–9	2	
8–4	1	6
3–0	0	

Fall 6:

Prüfungsklausur aus dem Fach Steuererhebung

Themenkreis: Abrechnung eines ESt-Bescheids, Fälligkeiten, Verzinsung nach § 233a AO, Berechnung von Säumniszuschlägen, Pfändungsgebühr, Verwertungsgebühr, Tätigkeiten des Vollziehungsbeamten, Reihenfolge der Tilgung

Schwierigkeitsgrad: Laufbahnprüfung

Bearbeitungszeit: 3 Stunden

Hilfsmittel: Beck'sche Bände

- Steuergesetze
- Steuerrichtlinien

                        BGB

Anlage: Kalender

I.   Sachverhalt

Die Eheleute Albert (A) und Bete (B) Düse sind seit dem Kj. 02 verheiratet und werden für die ESt zusammen veranlagt. Die Eheleute gehören keiner hebeberechtigten Kirche an (sind nicht kirchensteuerpflichtig).

A ist Angestellter der Firma A & B GmbH. Sein monatlicher Arbeitslohn betrug im Kj. 29 8.800 €, die monatliche Lohnsteuer bei Steuerklasse III/0 betrug in 29 1.626,16 €. Der Jahresarbeitslohn betrug insgesamt 105.600 €.

Im Nebenberuf ist A schriftstellerisch tätig. Die Einkünfte aus § 18 Abs. 1 EStG betrugen im Kj. 29 20.000 €.

Die Ehefrau B betreibt ein Einzelhandelsunternehmen (Modegeschäft). Die Einkünfte aus § 15 Abs. 1 EStG betrugen im Kj. 29 90.000 €.

Für den Veranlagungszeitraum 29 haben die Eheleute an allen üblichen Fälligkeitstagen jeweils 5.000 € ESt-Vorauszahlungen und den entsprechenden Solidaritätszuschlag geleistet.

Am 16.05.31 gehen beim zuständigen Finanzamt folgende Steuererklärungen für den VZ 29 ein:

a) ESt-Erklärung 29 der Eheleute A und B,

b) USt-Erklärung des Ehemanns A,

c) USt-Erklärung der Ehefrau B.

Zu a): ESt-Erklärung 29

Der zuständige Sachbearbeiter führt die ESt-Veranlagung am 29.05.31 durch. Der ESt-Bescheid wird am 13.06.31 zur Post gegeben. Aus dem Bescheid ergibt sich u.a. ein zu versteuerndes Einkommen i.H.v. 138.170 €.

Zu b): USt-Erklärung 29 des Ehemanns

Aus der USt-Erklärung des Ehemanns ergeben sich folgende Angaben:

Steuerpflichtige Umsätze 30.000 € × 7 % USt = USt	2.100 €
abzüglich Vorsteuer (korrekt)	./. 780 €
verbleiben	1.230 €
bereits vorangemeldet und entrichtet (korrekt)	./. 1.320 €
Erstattung	./. 90 €

Zu c): USt-Erklärung 29 der Ehefrau

Aus der USt-Erklärung der Ehefrau ergeben sich folgende Angaben:

Steuerpflichtige Umsätze 900.000 € × 19 % USt = USt	171.000 €
abzüglich Vorsteuer (korrekt)	./. 139.000 €
verbleiben	32.000 €
bereits vorangemeldet und entrichtet (korrekt)	./. 25.000 €
zu zahlen	**7.000 €**

In einem Begleitschreiben zu den Steuererklärungen beantragen die Eheleute eventuell anfallende Steuererstattungen zunächst nicht auszuzahlen, sondern mit eventuellen Nachzahlungen zu verrechnen.

> **Hinweis!** Gehen Sie davon aus, dass die interne Verrechnung zwischen den Ehegatten uneingeschränkt möglich ist. Unterstellen Sie, dass eine wirksame Abtretung vorliegt.

Das Finanzamt führt die betreffenden Umbuchungen nach den Wünschen der Eheleute durch.

Nach den erfolgten Umbuchungen erfolgen von den Eheleuten keinerlei weitere Zahlungen. Am 29.06.31 ergeht daraufhin eine Mahnung über die rückständigen Beträge an die Ehefrau.

Auch nach dieser Mahnung erfolgen von den Eheleuten keinerlei Zahlungen an das Finanzamt. Am 13.07.31 ergeht deshalb eine Rückstandsanzeige über die rückständigen Beträge.

Am 19.07.31 wird auf Grund der Rückstandsanzeige der Vollstreckungsauftrag dem Vollziehungsbeamten Alko Hol zugeteilt.

Noch am 19.07.31 begibt sich der Vollziehungsbeamte zu der gemeinsamen Wohnung der Eheleute und trifft dort lediglich den Ehemann an. Nach dem korrekten Vorzeigen des Vollstreckungsauftrages fordert der Vollziehungsbeamte den Ehemann zur Zahlung auf. Der Ehemann zahlt daraufhin 1.000 € und erklärt glaubwürdig, dass er über keinerlei weitere Geldmittel verfügt. Der Vollziehungsbeamte erteilt dem Ehemann über den empfangenen Betrag eine ordnungsgemäße Quittung.

Danach durchsucht der Vollziehungsbeamte mit Einwilligung des Ehemanns die Wohnung der Eheleute und findet eine Stereoanlage, deren Wert der Vollziehungsbeamte auf 1.500 € schätzt. Der Ehemann bestätigt diese Schätzung. Als der Vollziehungsbeamte ein Pfandzeichen an der Stereoanlage anbringen will, besteht der Ehemann darauf, dass der Vollziehungsbeamte die Stereoanlage mitnimmt. Der Vollziehungsbeamte erteilt dem Ehemann über den Empfang der Stereoanlage eine ordnungsgemäße Quittung, nimmt die Stereoanlage und bringt diese in die Pfandkammer des Finanzamts.

Am 25.08.31 wird die Stereoanlage ordnungsgemäß versteigert (§§ 298-301 AO). Der Zuschlag wird bei einem Gebot von 1.200 € erteilt (§§ 299 Abs. 1 und 300 Abs. 1 AO). Der Vollziehungsbeamte händigt die zugeschlagene Sache gegen Barzahlung an den Meistbietenden aus (§ 299 Abs. 2 AO). Aufgrund der Versteigerung sind gem. § 344 AO Auslagen i.H.v. 150 € entstanden.

II. Aufgaben

1. Führen Sie die Abrechnung des ESt-Bescheids für den Veranlagungszeitraum 29 durch.
    Berechnen Sie **sämtliche** Erstattungs- bzw. Nachzahlungsbeträge, die sich aufgrund des ESt-Bescheids 29 ergeben. Gehen Sie dabei auch auf die Fälligkeit der von Ihnen berechneten Beträge ein.
    Unterstellen Sie in Ihrer Abrechnung, dass bei einem zu versteuernden Einkommen i.H.v. 138.170 €, die tarifliche ESt 34.854 € beträgt.
    Auf die Festsetzung und Fälligkeiten der ESt-Vorauszahlungen aufgrund der Veranlagung 29 ist nicht einzugehen.
2. Wann und in welcher Höhe sind die Beträge auf Grund der Umsatzsteuererklärungen der Eheleute fällig?
3. Führen Sie die aufgrund des Begleitschreibens der Eheleute gewünschten Umbuchungen durch.
    Berechnen Sie die danach verbleibenden fälligen Beträge.

4. Berechnen Sie die in der Mahnung vom 29.06.31 aufgeführten rückständigen Beträge.
5. Berechnen Sie die in der Rückstandsanzeige vom 13.07.31 aufgeführten rückständigen Beträge.

> **Achtung Hinweis!** Falls Sie zu dem Ergebnis gelangen, dass keine rückständigen Beträge vorhanden sind, unterstellen Sie für Ihre weitere Lösung, dass bei der Ehefrau eine USt i.H.v. 2.037 € (geschätzte Zahl) rückständig ist. Gehen Sie davon aus, dass dieser Betrag am 18.06.31 fällig war.

6. Berechnen Sie die vom Vollziehungsbeamten am 19.07.31 zu vollstreckenden Beträge.
7. a) Durfte der Vollziehungsbeamte den Ehemann zur Zahlung auffordern und das Geld annehmen?
   b) Unabhängig von Ihrer Lösung zu a) unterstellen Sie, dass der Vollziehungsbeamte zur Annahme des Geldes berechtigt ist. Berechnen Sie die nach der Zahlung des Ehemanns verbleibenden Rückstände.
   c) Nehmen Sie Stellung zur Pfändung der Stereoanlage.
8. Wie wirkt sich die Versteigerung vom 25.08.31 auf die Rückstände der Ehefrau aus?
   Berechnen Sie die nach der Versteigerung eventuell verbleiben rückständigen Beträge.

> **Hinweis!** Zitieren Sie bei all Ihren Entscheidungen die maßgeblichen gesetzlichen Vorschriften und die in Betracht kommenden Verwaltungsanweisungen.

Anlage Kalender
Auszug aus dem Kalender für das Jahr 31

April	Mai	Juni	Juli	August
1 Sonntag	1 Di	1 Fr	1 Sonntag	1 Mi
2 Mo	2 Mi	2 Sa	2 Mo	2 Do
3 Di	3 Do	3 Pfingstsonntag	3 Di	3 Fr
4 Mi	4 Fr	4 Pfingstmontag	4 Mi	4 Sa
5 Do	5 Sa	5 Di	5 Do	5 Sonntag
6 Fr	6 Sonntag	6 Mi	6 Fr	6 Mo
7 Sa	7 Mo	7 Do	7 Sa	7 Di
8 Sonntag	8 Di	8 Fr	8 Sonntag	8 Mi
9 Mo	9 Mi	9 Sa	9 Mo	9 Do
10 Di	10 Do	10 Sonntag	10 Di	10 Fr
11 Mi	11 Fr	11 Mo	11 Mi	11 Sa
12 Do	12 Sa	12 Di	12 Do	12 Sonntag
13 Karfreitag	13 Sonntag	13 Mi	13 Fr	13 Mo
14 Sa	14 Mo	14 Fronleichnam	14 Sa	14 Di
15 Ostersonntag	15 Di	15 Fr	15 Sonntag	15 M. Himmelf.
16 Ostermontag	16 Mi	16 Sa	16 Mo	16 Do
17 Di	17 Do	17 Sonntag	17 Di	17 Fr
18 Mi	18 Fr	18 Mo	18 Mi	18 Sa
19 Do	19 Sa	19 Di	19 Do	19 Sonntag
20 Fr	20 Sonntag	20 Mi	20 Fr	20 Mo

April	Mai	Juni	Juli	August
21 Sa	21 Mo	21 Do	21 Sa	21 Di
22 Sonntag	22 Di	22 Fr	22 Sonntag	22 Mi
23 Mo	23 Mi	23 Sa	23 Mo	23 Do
24 Di	24 Chr. Himmelf.	24 Sonntag	24 Di	24 Fr
25 Mi	25 Fr	25 Mo	25 Mi	25 Sa
26 Do	26 Sa	26 Di	26 Do	26 Sonntag
27 Fr	27 Sonntag	27 Mi	27 Fr	27 Mo
28 Sa	28 Mo	28 Do	28 Sa	28 Di
29 Sonntag	29 Di	29 Fr	29 Sonntag	29 Mi
30 Mo	30 Mi	30 Sa	30 Mo	30 Do
	31 Do		31 Di	31 Fr

III. Lösungen

Aufgabe 1

Bei einem zu versteuernden Einkommen von 138.170 € ergibt sich eine tarifliche ESt (§ 2 Abs. 5 EStG) i.H.v.:

	ESt	Solz
(§ 32a Abs. 5 EStG, Angabe lt. Aufgabenstellung). Dies entspricht auch der festzusetzenden ESt	34.854,00 €	1.916,97 €
abzüglich die für den VZ 29 entrichteten ESt-Vorauszahlungen (§ 36 Abs. 2 Nr. 1 EStG) von 4 × 5.000 €	./. 20.000,00 €	./. 1.100,00 €
abzüglich die durch den LSt-Abzug erhobene ESt (§ 36 Abs. 2 Nr. 2 EStG); monatlich 1.626,16 € × 12 Monate (§ 36 Abs. 3 EStG)	./. 19.514,00 €	1.074,00 €
verbleiben	**./. 4.660,00 €**	**./. 257,03 €**

Der ESt-Erstattungsbetrag ist gem. § 220 Abs. 2 Satz 2 AO ab Bekanntgabe des ESt-Bescheids fällig. Die Aufgabe zur Post war am 13.06.31. Tag der Bekanntgabe ist gem. § 122 Abs. 2 Nr. 1 i.V.m. § 108 Abs. 3 AO am 18.06.31.

Die Fälligkeit des Solz-Erstattungsbetrags bestimmt sich nach § 51a Abs. 1 EStG nach der Fälligkeit der ESt-Erstattung. Der Erstattungsbetrag ist ab Bekanntgabe des Steuerbescheids dem Stpfl. auszuzahlen.

Bezüglich des ESt-Erstattungsbetrags ist eine Verzinsung gem. § 233a Abs. 1 AO zu prüfen. Nach § 233a Abs. 2 Satz 1 AO beginnt der Zinslauf 15 Monate nach Ablauf des Kalenderjahres, in dem die Steuer entstanden ist. Gem. § 36 Abs. 1 EStG entsteht die ESt 29 mit Ablauf des Veranlagungszeitraums 29. Der Zinslauf beginnt somit am 01.04.31. Nach § 233a Abs. 2 Satz 3 AO endet der Zinslauf mit Ablauf des Tages, an dem die Steuerfestsetzung wirksam wird. Nach § 124 Abs. 1 AO wird der Steuerbescheid mit Bekanntgabe am 18.06.31 wirksam. Der maßgebliche Zinszeitraum läuft somit vom 01.04. bis 18.06.31.

Nach § 238 Abs. 1 AO betragen die Zinsen für jeden vollen Monat 0,5 %, somit 1 % (2 volle Zinsmonate) des zu verzinsenden Betrags. Der zu verzinsende Betrag bestimmt sich nach § 233a Abs. 3 Satz 3 AO. Maßgeblich für die Verzinsung ist der zu erstattende Betrag i.H.v. 4.660,00 €. Ob die Besteuerung der Zinsen rechtmäßig ist, klärt derzeit das BVerfG in dem Verfahren 2 BvR 1711/15. Der Betroffene sollte demnach unter Hinweis auf das vorstehende Verfahren beim BVerfG gegen die entsprechenden Steuerbescheide

Einspruch einlegen und das Ruhen des Verfahrens nach § 363 Abs. 2 AO beantragen. Nach § 238 Abs. 2 AO ist dieser Betrag auf den nächsten durch 50 € teilbaren Betrag abzurunden. Die Zinsen betragen somit 1 % von 4.650 € = 46,50 €. Zinsen sind gem. § 239 Abs. 2 AO auf volle Euro zum Vorteil des Steuerpflichtigen gerundet festzusetzen. Die Erstattungszinsen betragen somit 46 €. Nach § 233a Abs. 4 AO soll die Festsetzung der Zinsen mit der Steuerfestsetzung verbunden werden. Nach § 220 Abs. 2 Satz 2 AO werden die Erstattungszinsen mit Bekanntgabe der Festsetzung am 18.06.31 fällig.

Aufgabe 2

1. USt-Erklärung des Ehemanns

Die USt-Erklärung enthält einen Rechenfehler. Das Finanzamt wird somit gem. § 168 Satz 2 AO dem Erstattungsbetrag nicht zustimmen. Nach § 167 Abs. 1 AO ist die Steuer mit 0 € durch Steuerbescheid festzusetzen.

2. USt-Erklärung der Ehefrau

Mit Eingang beim Finanzamt am 16.05.31 gilt die USt i.H.v. 7.000 € gem. § 168 Satz 1 AO als festgesetzt. Der Betrag ist einen Monat nach Eingang der Steueranmeldung fällig (§ 220 Abs. 1 AO i.V.m. § 18 Abs. 4 Satz 1 UStG); Fälligkeit somit mit Ablauf des 16.06.31. Da dies ein Samstag ist, ist der Betrag mit Ablauf Montag, 18.06.31 fällig (§ 108 Abs. 3 AO).

Nach § 233a Abs. 1 AO ist eine Verzinsung zu prüfen. Nach § 233a Abs. 2 Satz 1 AO beginnt der Zinslauf am 01.04.31 und endet grundsätzlich mit Wirksamwerden der Steuerfestsetzung. Bei USt-Erklärungen mit einem Unterschiedsbetrag zuungunsten des Stpfl. endet der Zinslauf grundsätzlich am Tag des Eingangs der Steueranmeldung am 16.05.31 (AEAO zu § 233a Nr. 5 Satz 2). Der Zinszeitraum läuft somit vom 01.04. bis 16.05.31. Nach § 238 Abs. 1 und 2 AO betragen die Zinsen 0,5 % von 7.000 € (Unterschiedsbetrag gem. § 233a Abs. 3 Satz 1 AO) = 35 €. Da gem. § 167 Abs. 1 AO kein USt-Bescheid zu erteilen ist, sind die Zinsen in der zu erteilenden Abrechnungsmitteilung festzusetzen (AEAO zu § 233a Nr. 1 Satz 4), wobei eine Zahlungsfrist einzuräumen ist. Die Fälligkeit bestimmt sich nach § 220 Abs. 2 Satz 1 2. Alt. AO nach der Zahlungsfrist im Leistungsgebot.

Aufgabe 3

Erstattungsbetrag	lt. ESt-Bescheid	USt-Schuld der Ehefrau
ESt	./. 4.660,00 €	7.000,00 €
SolZ	./. 257,03 €	
Zinsen	./. 47,00 €	35,00 €
insgesamt	**./. 4.964,03 €**	**7.035,00 €**

Der Erstattungsbetrag i.H.v. 4.964,03 € ist zugunsten der Ehefrau voll mit der USt i.H.v. 7.000 € zu verrechnen. Danach verbleiben noch folgende fällige Beträge:

- USt 29 der Ehefrau   2.035,97 €   fällig am 18.06.31
- Zinsen zur USt 29   35,00 €

Aufgabe 4

Da nur bei der Ehefrau Beträge rückständig sind, ergeht gem. § 259 AO lediglich eine Mahnung an die Ehefrau.

Da bis zum Ergehen der Mahnung am 29.06.31 keine Zahlung erfolgt ist, sind gem. § 240 Abs. 1 AO Säumniszuschläge entstanden.

USt am Fälligkeitstag 18.06.31	7.000,00 €
bereits durch Umbuchung getilgt	./. 4.964,03 €
verbleibende USt-Schuld am Fälligkeitstag 18.06.31	**2.035,97 €**

Nach § 240 Abs. 2 AO entstehen keine Säumniszuschläge bei steuerlichen Nebenleistungen. Der Säumniszeitraum läuft vom 19.06. bis 18.07.31. Für jeden angefangenen Monat der Säumnis ist 1 % des auf den nächsten durch fünfzig Euro teilbaren gerundeten rückständigen Betrags ein Säumniszuschlag zu entrichten. Der Säumniszuschlag in der Mahnung beträgt somit 1 % von 2.000 € = 20 €.

In der Mahnung sind folgende Beträge aufgeführt:

USt	2.035,97 €
Zinsen zur USt	35,00 €
Säumniszuschlag	20,00 €
insgesamt	**2.090,97 €**

Aufgabe 5

Die Beträge in der Rückstandsanzeige vom 13.07.31 sind identisch mit den Beträgen der Mahnung, da kein neuer Säumnismonat begonnen hat.

Aufgabe 6

Der 1. Säumnismonat endet mit Ablauf des 18.07.31. Am 19.07.31 beginnt der 2. Säumnismonat, sodass weitere 20 € Säumniszuschläge zu entrichten sind (bis 18.08.31).

Gem. § 339 Abs. 1 AO ist eine Pfändungsgebühr zu erheben. Nach § 339 Abs. 2 Nr. 1 AO entsteht eine Pfändungsgebühr, sobald der Vollziehungsbeamte Schritte zur Ausführung des Vollstreckungsauftrages unternommen hat. Grundsätzlich ist die volle Gebühr zu erheben. Die Höhe der Gebühr bestimmt sich nach § 339 Abs. 3 AO und beträgt 20 €.

Danach betragen die zu vollstreckenden Beträge:

USt	2.035,97 €
Zinsen zur USt	35,00 €
Säumniszuschläge	40,00 €
Pfändungsgebühr	20,00 €
insgesamt	**2.130,97 €**

Aufgabe 7

Da der Vollziehungsbeamte nicht den Vollstreckungsschuldner, dafür aber eine erwachsene Person (Ehemann) antrifft, von der angenommen werden kann, dass er befugt ist, über die Geldmittel der Ehefrau zu verfügen, darf der Vollziehungsbeamte den Ehemann zur Leistung auffordern (Abschn. 24 Abs. 2 VollzA). Nach Abschn. 25 Abs. 1 VollzA ist der Vollziehungsbeamte verpflichtet, das Geld anzunehmen. Da der Einzahler keine Bestimmung über die Verbuchung des Geldes trifft, gilt nach Abschn. 27 Abs. 2 VollzA i.V.m. § 225 Abs. 2 AO die Reihenfolge der Tilgung. Danach wird die Zahlung von 1.000 € auf die USt 2009 angerechnet. Die Zahlung erfolgt gem. § 224 Abs. 2 Nr. 1 AO am 19.07.31.

Nach § 281 i.V.m. § 285 AO pfändet der Vollziehungsbeamte bewegliche Sachen. Nach Abschn. 32 Abs. 1 VollzA unterliegen der Pfändung die im Gewahrsam des Vollstreckungsschuldners befindlichen beweglichen Sachen. Gemäß Abschn. 43 Abs. 2 VollzA gilt die Ehefrau als Vollstreckungsschuldnerin als Gewahrsamsinhaberin. Der Vollziehungsbeamte hat die Stereoanlage somit rechtmäßig gepfändet. Die Pfändung der Stereoanlage erfolgt grundsätzlich durch Anbringen eines Pfandzeichens (Abschn. 44 Abs. 2 Nr. 2 VollzA). Da der Ehemann aber die Fortschaffung der Sache verlangt, muss der Vollziehungsbeamte die Sache auch durch Wegnahme pfänden (Abschn. 44 Abs. 6 VollzA).

Aufgabe 8

Nach § 301 Abs. 2 AO gilt die Empfangnahme des Erlöses i.H.v. 1.200 € durch den Vollziehungsbeamten als Zahlung des Vollstreckungsschuldners. Die Zahlung erfolgt somit am 25.08.31.

Am 25.08.31 hat die Ehefrau folgende Rückstände:

USt 29 (ursprünglich fällig am 18.06.31)	2.035,97 €
abzüglich Zahlung am 19.07.31 durch den Ehemann	./. 1.000,00 €
verbleiben	**1.035,97 €**
Zinsen zur USt	35,00 €
Pfändungsgebühr	20,00 €
Säumniszuschläge vom 19.06 bis 18.08.31 von 2.035,97 €	40,00 €

Ab 19.8.31 beginnt der 3. Säumnismonat. Der rückständige Betrag beträgt 1.035,97 €. Es ist ein weiterer Säumniszuschlag von 1 % von 1.000 € zu entrichten

	10,00 €
Zwischensumme	**1.140,97 €**
zuzüglich Auslagen für die Versteigerung	150,00 €
zuzüglich Verwertungsgebühr gem. § 341 AO. Die Gebühr beträgt nach § 341 Abs. 3 AO	40,00 €
Der rückständige Betrag beträgt somit insgesamt	**1.330,97 €**

Der durch die Versteigerung erzielte Erlös i.H.v. 1.200 € wird zunächst mit den Auslagen i.H.v. 150 € verrechnet (Abschn. 27 Abs. 3 VollzA). Der danach verbleibende Betrag von 1.050 € reicht nicht zur Tilgung des verbleibenden rückständigen Betrags i.H.v. 1.180,97 € aus. Die Vollstreckungsstelle bestimmt die Reihenfolge der Tilgung. Diese erfolgt entsprechend der Regelung in § 225 Abs. 2 AO. Es erfolgt zunächst eine Verrechnung mit der USt 29 i.H.v. 1.035,97 €. Danach verbleibt noch ein Betrag von 14,03 €. Dieser wird mit den Kosten i.H.v. 60 € (20 € Pfändungsgebühr und 40 € Verwertungsgebühr) verrechnet. Danach verbleiben noch folgende Rückstände:

Säumniszuschlag	50,00 €
Zinsen zur USt	35,00 €
Kosten (60 € abzüglich 14,03 €)	45,97 €
insgesamt	**130,97 €**

Punktetabelle zur Prüfungsklausur aus dem Fach Steuererhebung

	Punkte
Aufgabe 1	
SolZ zur ESt 1.916,97 €	1
abzüglich Vorauszahlungen (§ 36 Abs. 2 Nr. 1 EStG) 20.000 €/1.100 €	2
abzüglich LSt (§ 36 Abs. 2 Nr. 2 EStG) 19.514 €/1.074 €	3
Fälligkeit § 220 Abs. 2 Satz 2 AO; § 122 Abs. 2 Nr. 1 AO: 18.06.31	4
Fälligkeit Solz wie ESt, § 51a Abs. 1 EStG	5
Verzinsung § 233a Abs. 1 AO	6
§ 233a Abs. 2 AO: Zinslauf 01.04.–18.06.31	7
§ 238 Abs. 1 AO, 2 volle Zinsmonate, somit 1 %	8
zu verzinsen § 233a Abs. 3 AO: 4.660 € = Erstattungsbetrag	9
§ 238 Abs. 2 AO: Abrundung auf 4.650 € = 47 € Erstattungszinsen (§ 239 Abs. 2 AO)	10
§ 220 Abs. 2 Satz 2 AO: mit Bekanntgabe fällig	11

	Punkte
Aufgabe 2	
USt-Erklärung des Ehemanns	
Rechenfehler	12
§ 167 Abs. 1 AO: Steuer auf 0 € festsetzen	13
USt-Erklärung des Ehefrau	
§ 168 Satz 1 AO: 7.000 €	14
§ 220 Abs. 1 AO i.V.m. § 18 Abs. 4 UStG: Fälligkeit mit Ablauf des 16.06.31	15
§ 108 Abs. 3 AO: Ablauf Montag 18.06.31	16
Zinszeitraum vom 01.04. bis 16.05.31	17
0,5 % = 35 €	18
Fälligkeit nach § 220 Abs. 2 Satz 1 AO: Zahlungsfrist im Leistungsgebot	19
Aufgabe 3	
Erstattungsbetrag 4.964,03 € mit USt Ehefrau 7.000 € verrechnen	20
Danach USt 29 der Ehefrau 2.035,97 € vom 18.06.31	21
Zinsen zur USt 29: 35 €	22
Aufgabe 4	
§ 259 AO	23
§ 240 Abs. 1 AO: Säumniszuschläge entstanden	24
Säumniszeitraum vom 19.06. bis 18.07.31	25
1 % von 2.000 € (2.035,97 €) = 20 €	26
Beträge der Mahnung: 35 € Zinsen, Säumniszuschläge, die USt, insgesamt 2.090,97 €	27
Aufgabe 5	
Beträge wie in Mahnung	28
Aufgabe 6	
19.07.31 Beginn 2. Säumnismonat	29
weitere 20 € Säumniszuschlag	30
§ 339 Abs. 1 Nr. 1 AO: Pfändungsgebühr	31
§ 339 Abs. 3 AO	32
Gebühr = 20 €	33
zu vollstreckende Beträge: USt, Zinsen, Säumniszuschlag, Gebühr, insgesamt 2.130,97 €	34
Aufgabe 7	
Teil a)	
Abschn. 24 Abs. 2 VollzA: Ehemann ist erwachsene Person, Aufforderung zulässig	35

	Punkte
Teil b)	
Abschn. 25 Abs. 1 VollzA: Vollziehungsbeamter ist zur Geldannahme verpflichtet	**36**
Abschn. 27 Abs. 2 VollzA oder § 225 Abs. 2 AO: Reihenfolge der Tilgung	**37**
1.000 € auf USt 29	**38**
Teil c)	
§ 281 i.V.m. § 285 AO: Pfändung beweglicher Sachen	**39**
Abschn. 32 Abs. 1 VollzA: im Gewahrsam des Vollstreckungsschuldners	**40**
Abschn. 43 Abs. 2 VollzA: Ehefrau ist Gewahrsamsinhaberin	**41**
Abschn. 44 Abs. 2 Nr. 2 VollzA: grundsätzlich durch Pfandzeichen	**42**
Abschn. 44 Abs. 6 VollzA: auf Verlangen Wegnahme	**43**
Aufgabe 8	
§ 301 Abs. 2 AO: 1.200 € an Vollziehungsbeamten = Zahlung des Schuldners	**44**
Tag der Zahlung am 25.08.31	**45**
ab 19.08.2031: 3. Säumnismonat	**46**
rückständiger Betrag 1.035,87 €; Säumniszuschlag = 10 € (insgesamt 50 €)	**47**
Auslagen für Versteigerung	**48**
§ 341 AO: Verwertungsgebühr	**49**
§ 341 Abs. 3 AO	**50**
40 €	**51**
Abschn. 27 Abs. 3 VollzA: Versteigerungserlös 1.200 € mit Auslagen 150 € verrechnen	**52**
Rest 1.050 €: § 225 Abs. 3 AO Vollstreckungsstelle bestimmt Reihenfolge der Tilgung	**53**
Verrechnung mit USt 1.035,97 €	**54**
verbleibender Betrag (14,03 €) Verrechnung mit Kosten 60 €	**55**
Danach verbleiben: Säumniszuschläge 50 €, Zinsen zur USt 35 €, Kosten 45,97 €	**56**
Sonderpunkte für besonders ausführliche Begründung in Einzelfällen	**S 1** **S 2**

Notentabelle		
Korrekturpunkte	**Punkte nach § 6 Abs. 1 StBAPO**	**Note**
56–53	15	1
52–51	14	
50–48	13	2
47–46	12	
45–43	11	

42–41	10	3
40–38	9	
37–36	8	
35–33	7	4
32–31	6	
30–28	5	
27–22	4	5
21–17	3	
16–11	2	
10–6	1	6
5–0	0	

Fall 7:

Übungsklausur aus dem Fach Staats- und Verwaltungskunde

Themenkreis: Staatsformen, Merkmale eines Rechtsstaates, Wahlfunktion des Bundestages, Wahl-
                      systeme, Mehrheiten im Bundestag, Bundesrat
Schwierigkeitsgrad: 1. fachtheoretischer Ausbildungsabschnitt
Bearbeitungszeit: 2 Stunden
Hilfsmittel: Grundgesetz

> **Hinweis!** Diese Klausur besteht aus **acht** Fragen, die unabhängig voneinander bearbeitet werden können.

I.   Aufgaben

1. Nennen Sie bitte die Ihnen bekannten Staatsformen und stellen Sie kurz dar, durch welche Merkmale
   diese gekennzeichnet sind.
   Nehmen Sie hierbei bitte eine Einteilung nach folgenden Kriterien vor:
   a) nach dem Staatsoberhaupt,
   b) nach der Staatsgewalt,
   c) nach der inneren Gliederung des Staates.
2. Stellen Sie bitte die wesentlichen Unterschiede zwischen einer parlamentarischen Demokratie und
   einer Präsidialdemokratie dar. Gehen Sie hierbei auf folgende Punkte ein:
   a) Staatsoberhaupt – Regierungschef,
   b) Wahl der Regierung,
   c) Verhältnis der Regierung zum Parlament.
3. Nennen Sie bitte die wesentlichen Merkmalen eines Rechtsstaates mit den einschlägigen Artikeln des
   Grundgesetzes.
4. Stellen Sie bitte dar, bei welchen Wahlen von Personen oder Institutionen der Bundestag mitwirkt.
   Nennen Sie hierbei auch die einschlägigen Artikel des Grundgesetzes.
5. Stellen Sie bitte die Unterschiede zwischen dem Mehrheitswahlsystem und dem Verhältniswahlsystem
   dar. Gehen Sie hierbei auf folgende Kriterien ein:
   a) Organisatorische Voraussetzungen für die Durchführung der Wahl;
   b) Vor- und Nachteile der Systeme.
6. Nennen Sie bitte die Mehrheitsformen, mit denen der Bundestag seine Beschlüsse fasst und erläutern
   Sie diese.
   Geben Sie bitte außerdem unter Hinweis auf die einschlägigen Artikel des Grundgesetzes an, in welchen
   Fällen die einzelnen Mehrheiten erforderlich sind.
7. Stellen Sie bitte dar, wie sich der Bundesrat zusammensetzt. Nennen Sie dabei die jeweiligen Bundesländer, dazu die jeweilige Landeshauptstadt, den Namen des Ministerpräsidenten bzw. der Minis-
   terpräsidentin, die Regierungsparteien (Stand Januar 2020).
   Wie viele Stimmen hat der Bundesrat insgesamt?
   Nennen Sie zwei Länder mit 3 Stimmen, drei Länder mit vier Stimmen, ein Land mit 5 Stimmen und drei
   Länder mit sechs Stimmen.
8. Durch welche Umstände kann das Amt eines Bundesministers enden?

II.   Lösungen
Aufgabe 1
a) Republik, Monarchie.
   Monarchie: gekröntes Staatsoberhaupt; Staatsoberhaupt erlangt sein Amt durch Erbfolge.
   Republik: kein gekröntes Staatsoberhaupt; Staatsoberhaupt wird in der Regel gewählt.
b) Demokratie, Diktatur.

Demokratie: Volksherrschaft.

Diktatur: Einzelperson ist Träger der Staatsherrschaft (Alleindiktatur);

Personengruppe ist Träger der Staatsherrschaft (Militärdiktatur, Parteidiktatur).

c) Bundesstaat, Einheitsstaat.

Bundesstaat: Staatsgebiet gliedert sich in mehrere souveräne Staaten; Kompetenzverteilung zwischen Dachstaat und Gliedstaaten.

Einheitsstaat: ungegliedert; einheitliche Staatsgewalt für das gesamte Staatsgebiet.

Aufgabe 2

a) Parlamentarische Demokratie: Staatsoberhaupt und Regierungschef sind verschiedene Personen.
Präsidialdemokratie: Staatsoberhaupt und Regierungschef sind in der Regel identisch.

b) Parlamentarische Demokratie: Wahl der Regierung durch das Parlament.
Präsidialdemokratie: Wahl des Regierungschefs durch das Volk.

c) Parlamentarische Demokratie: Regierung ist vom Parlament abhängig; die politische Macht liegt beim Parlament.

d) Präsidialdemokratie: gegenseitige Unabhängigkeit von Regierung und Parlament, lediglich gegenseitige Kontrolle.

Aufgabe 3

a) Bindung aller staatlicher Organe an die Grundrechte, Art. 1 Abs. 3 GG;

b) Bindung der staatlichen Organe an Recht und Gesetz, Art. 20 Abs. 3 GG;

c) Vorhersehbarkeit der rechtlichen Folgen persönlichen Handelns (Rechtssicherheit), Art. 103 Abs. 2 GG;

d) Gerichtlicher Rechtsschutz gegen alle Akte staatlicher Gewalt (Rechtsweggarantie), Art. 19 Abs. 4 GG;

e) Richterliche Unabhängigkeit, Art. 97 Abs. 1 GG;

f) Anspruch auf rechtliches Gehör, Art. 103 Abs. 1 GG;

g) Verbot der Doppelbestrafung, Art. 103 Abs. 3 GG;

h) Verbot willkürlicher Verhaftung, Art. 104 GG.

Aufgabe 4

a) Wahl des Bundeskanzlers, Art. 63 GG;

b) Wahl des Bundestagspräsidenten;

c) Mitwirkung bei der Wahl des Bundespräsidenten, Art. 54 GG;

d) Mitwirkung bei der Wahl der Mitglieder des Bundesverfassungsgerichts, Art. 94 Abs. 1 GG;

e) Mitwirkung bei der Wahl der Bundesrichter, Art. 95 Abs. 2 GG.

Aufgabe 5

a) Mehrheitswahlsystem: Wahlkreise erforderlich; die Anzahl der Wahlkreise entspricht der Anzahl der Parlamentssitze;

Verhältniswahlsystem: Listen erforderlich.

b) Vorteile des Mehrheitswahlsystems: eindeutige Mehrheiten, Erleichterung der Regierungsbildung, enge Verbindung zwischen Wähler und Abgeordnetem;

Vorteile des Verhältniswahlsystems: Berücksichtigung fast aller Wählerstimmen;

Nachteile des Mehrheitswahlsystems: Nichtberücksichtigung erheblicher Stimmenanteile;

Nachteile des Verhältniswahlsystems: Gefahr der Parteienzersplitterung, Gefahr, dass keine eindeutigen Mehrheiten entstehen, keine Verbindung zwischen Wähler und Abgeordnetem.

Aufgabe 6

a) Einfache Mehrheit: Art. 42 Abs. 2 GG; grundsätzliche Mehrheitsform;

b) Absolute Mehrheit: Art. 121 GG; Mehrheit der Mitglieder des Bundestages. Anwendung z.B. bei der Kanzlerwahl (Art. 63 Abs. 2 und 3 GG), beim Misstrauensvotum (Art. 67 GG) und bei der Vertrauensfrage (Art. 68 GG);

c) Zweidrittelmehrheit der gesetzlichen Mitgliederzahl: erforderlich bei Änderungen des Grundgesetzes (Art. 79 Abs. 2 GG) sowie bei der Anklage des Bundespräsidenten;

d) Zweidrittelmehrheit der abgegebenen Stimmen: erforderlich für die Feststellung des Verteidigungsfalles (Art. 115a GG), bei Zurückweisung eines vom Bundesrat mit Zweidrittelmehrheit beschlossenen Einspruchs (Art. 77 Abs. 4 GG).

Aufgabe 7

Land	Landeshaupt-stadt	Ministerpräsident	Regierungspartei	Stimmen
Baden-Württemberg	Stuttgart	Wilfried Kretschmann	Grüne/CDU	6
Bayern	München	Markus Söder	CSU/Freie Wähler	6
Berlin	Stadtstaat	Michael Müller	SPD/Linke/Grüne	4
Brandenburg	Potsdam	Dietmar Woidke	SPD/CDU/Grüne	4
Bremen	Stadtstaat	Andreas Bovenschulte	SPD/Grüne/Linke	3
Hamburg	Stadtstaat	Peter Tschentscher	SPD/Grüne	3
Hessen	Wiesbaden	Volker Bouffier	CDU/Grüne	5
Mecklenburg-Vorpommern	Schwerin	Manuela Schwesig	SPD/CDU	3
Niedersachsen	Hannover	Stephan Weil	SPD/CDU	6
Nordrhein-Westfalen	Düsseldorf	Armin Laschet	CDU/FDP	6
Rheinland-Pfalz	Mainz	Malu Dreyer	SPD/FDP/Grüne	4
Saarland	Saarbrücken	Tobias Hans	CDU/SPD	3
Sachsen	Dresden	Michael Kretschmer	CDU/SPD/Grüne	4
Sachsen-Anhalt	Magdeburg	Reiner Haseloff	CDU/SPD/Grüne	4
Schleswig-Holstein	Kiel	Daniel Günther	CDU/Grüne/FDP	4
Thüringen	Erfurt	Bodo Ramelow	Linke/SPD/Grüne	4
Summe				**69**

Aufgabe 8

- Das Amt eines Ministers endet mit dem Amt des Bundeskanzlers (Art. 69 Abs. 2 GG);
- durch Tod;
- durch Rücktritt;
- bei Zusammentritt eines neuen Bundestages.

Punktetabelle zur Übungsklausur aus dem Fach Staats- und Verwaltungskunde

	Punkte
Aufgabe 1	
Teil a)	
Monarchie: Staatsoberhaupt durch Erbfolge	1
Republik: Staatsoberhaupt gewählt	2
Teil b)	
Demokratie: Volksherrschaft	3
Diktatur: Einzelperson oder Personengruppe	4
Teil c)	
Bundesstaat: mehrere souveräne Staaten (Dachstaat und Gliedstaaten)	5
Einheitsstaat: ungegliedert	6
Aufgabe 2	
Teil a)	
Parlamentarische Demokratie: Staatsoberhaupt und Regierungschef verschieden Personen; in der Präsidialdemokratie in der Regel identisch	7
Teil b)	
Parlamentarische Demokratie: Wahl der Regierung durch das Parlament; in der Präsidialdemokratie Wahl des Regierungschefs durch das Volk	8
Teil c)	
Parlamentarische Demokratie: Regierung ist vom Parlament abhängig; in der Präsidialdemokratie lediglich gegenseitige Kontrolle	9
Aufgabe 3	
5 Merkmale mit Artikel 3 Punkte	10
4 Merkmale mit Artikel 2 Punkte	11
3 Merkmale mit Artikel 1 Punkt	12
Aufgabe 4	
bei 4 korrekten Nennungen 3 Punkte	13
bei 3 korrekten Nennungen 2 Punkte	14
bei 2 korrekten Nennungen 1 Punkt	15
Aufgabe 5	
Teil a)	
Mehrheitswahl: Wahlkreise erforderlich	16
Anzahl der Wahlkreise = Anzahl der Parlamentssitze	17
Teil b)	
Vorteil Mehrheitswahlsystem: Erleichterung der Regierungsbildung	18

	Punkte
Vorteil Verhältniswahlsystem: Berücksichtigung fast aller Wählerstimmen	19
Nachteil Mehrheitswahlsystem: Nichtberücksichtigung erheblicher Stimmenanteile	20
Nachteil Verhältniswahlsystem: Gefahr der Parteienzersplitterung	21
Aufgabe 6	
einfache Mehrheit Art. 42 Abs. 2 GG	22
absolute Mehrheit Art. 121 GG	23
Kanzlerwahl Art. 63 Abs. 2 und 3 GG	24
Misstrauensvotum oder Vertrauensfrage	25
absolute Zweidrittelmehrheit Art. 79 Abs. 2 GG	26
relative Zweidrittelmehrheit mit Artikel	27
Aufgabe 7	
69 Stimmen	28
zwei Länder mit 3 Stimmen	29
drei Länder mit 4 Stimmen	30
ein Land mit 5 Stimmen	31
drei Länder mit 6 Stimmen	32
4 Bundesländer mit Hauptstadt	33
4 Bundesländer mit Hauptstadt	34
4 Bundesländer mit Hauptstadt	35
4 Bundesländer mit Hauptstadt	36
4 richtige Regierungschefs	37
4 richtige Regierungschefs	38
4 richtige Regierungschefs	39
4 richtige Regierungschefs	40
4 richtige Regierungsparteien	41
4 richtige Regierungsparteien	42
4 richtige Regierungsparteien	43
4 richtige Regierungsparteien	44
Aufgabe 8	
mit Ende Amt Bundeskanzler	45
Zusammentritt eines neuen Bundestages Art. 69 Abs. 2 GG	46
Sonderpunkte für besonders ausführliche Begründung in Einzelfällen	S 1 S 2

Notentabelle		
Korrekturpunkte	**Punkte nach § 6 Abs. 1 StBAPO**	**Note**
46–44	15	1
43–42	14	
41–40	13	2
39–38	12	
37–36	11	
35–33	10	3
32–31	9	
30–29	8	
28–27	7	4
26–25	6	
24–23	5	
22–18	4	5
17–14	3	
13–9	2	
8–5	1	6
4–0	0	

Fall 8:

Prüfungsklausur aus dem Fach Staats- und Verwaltungskunde

Themenkreis: Gesetzgebungsverfahren, Bundesversammlung, Bundespräsident, Auflösung

Bundestag, Wahl des Bundeskanzlers, Bundestagswahl

Schwierigkeitsgrad: Laufbahnprüfung

Bearbeitungszeit: 3 Stunden

Hilfsmittel: Grundgesetz

Hinweis! Diese Klausur besteht aus **14** Fragen, die unabhängig voneinander bearbeitet werden können.

I.   Aufgaben

1. In welchen Bereichen und unter welchen Bedingungen kann der Bund die konkurrierende Gesetz-gebung ausüben?

2. Wer ist berechtigt zum Erlass eines Gesetzes über die Einführung von Gesamtschulen?

3. Nachdem verschiedene Bundesländer im Jahr 19 jeweils ein Landessmoggesetz erlassen haben, wurde im Jahr 12 erstmals auch vom Bund ein Bundessmoggesetz verabschiedet, das inhaltlich auch die in den Landesgesetzen geregelten Problembereiche abdeckt.

    a) Durften die Länder im Jahr 19 Landessmoggesetze erlassen?

    b) Durfte der Bund im Jahr 20 ein Bundessmoggesetz erlassen?

    c) Welches Gesetz gilt ab dem Jahr 20?

4. In einer Zeitung vom 21.12.19 lautet die Überschrift:

    „Koalition beschließt einheitlichen Krankenversicherungsbeitrag von 14 %"

    Folgende Zitate sind aus dem Zeitungsartikel entnommen:

    *   die Koalition hat gegen die Stimmen der Opposition ein Gesetz zur Neuordnung der Krankenkasse beschlossen;

    *   das Gesetz wird voraussichtlich vom Bundesrat abgelehnt und kann dann nach einem Verfahren im Vermittlungsausschuss mit Kanzlermehrheit verabschiedet werden.

    a) Wo wurde das Gesetz innerhalb des Gesetzgebungsverfahrens gegen die Stimmen der Opposition beschlossen?

    b) Um was für ein Gesetz handelt es sich (Bezogen auf die Mitwirkung des Bundesrates)?

    c) Wer kann das Gesetz mit Kanzlermehrheit verabschieden und warum?

    d) Ist die Kanzlermehrheit in jedem Fall ausreichend?

5. Was versteht man unter der »4. Lesung«?

6. Der Bundespräsident wird von der Bundesversammlung gewählt. Bei dieser Wahl wird der Kandidat im letzten Wahlgang gewählt.

    a) Der wievielte Wahlgang ist dies?

    b) Welche Mehrheit ist hierzu erforderlich?

    c) Welche Mehrheit ist in den vorherigen Wahlgängen erforderlich?

    d) Wer beruft die Bundesversammlung ein?

    e) Wäre es möglich, dass Sie Mitglied der nächsten Bundesversammlung werden?

    f) Wer vertritt den Bundespräsidenten?

7. Nachdem ein Gesetz sowohl im Bundestag als auch im Bundesrat Zustimmung fand, liegt es nun dem Bundespräsidenten zur Ausfertigung vor. Der Bundespräsident weigert sich das Gesetz zu unterschrei-ben, da er:

    a) starke (berechtigte) verfassungsrechtliche Bedenken hat;

    b) mit Inhalt und Wortlaut des Gesetzes nicht einverstanden ist.

Welche rechtlichen Möglichkeiten haben die Legislativorgane, gegen den Bundespräsidenten vorzugehen?

8 Unter welchen Voraussetzungen kann der Bundespräsident den Bundestag auflösen?

9. Nennen Sie alle Anlässe für eine Kanzlerwahl.

10. a) Ist der Bundesrat bei jedem Gesetzgebungsverfahren zu beteiligen?
   b) Welche beiden Möglichkeiten bestehen?
   c) Wer kann den Vermittlungsausschuss anrufen?
   d) Erläutern Sie in groben Zügen das Gesetzgebungsverfahren. Auf Nennung von Grundgesetzartikeln wird verzichtet, ebenso auf die Eingehung der Bundesratsmitwirkung.

11. Das Grundgesetz unterscheidet zwischen Menschen- und Bürgerrechten Erklären Sie den Unterschied und nennen Sie jeweils ein Beispiel.

12. Ein Artikel des Grundgesetzes gilt auch als Verfassung in Kurzform.
   a) Um welche Vorschrift handelt es sich?
   b) Warum bezeichnet man diese Vorschrift so?

13. Trotz im Grundgesetz verbriefter Rechtsweggarantie findet man bei Preisausschreiben und Verlosungen regelmäßig den Hinweis, dass der Rechtsweg ausgeschlossen ist.
   a) In welchem Artikel ist die Rechtsweggarantie zu finden?
   b) Aus welchem Verfassungsgrundsatz ergibt sie sich?
   c) Warum liegt trotz Rechtswegausschlusses bei Preisausschreiben kein Verstoß gegen die Verfassung vor?

14. Bei der Bundestagswahl bewirbt sich der Kandidat A der Partei X in einem Wahlkreis des Bundeslandes Hessen um ein Direktmandat. Außerdem steht er an der Spitze der Landesliste Hessen der Partei X. Obwohl die Partei X in Hessen für den Bundestag Überhangmandate erreicht, konnte der Kandidat in seinem Wahlkreis nicht gewinnen.
   a) Welche Mehrheit ist zum Gewinn des Direktmandates notwendig?
   b) Welche Auswirkung hat obiges Wahlergebnis für A?

II. Lösungen

Aufgabe 1

In den Fällen der Art. 74, 74a und 105 Abs. 2 GG hat der Bund die konkurrierende Gesetzgebung nach Art. 72 GG. Für den Bereich der Gemeinschaftssteuern hat der Bund die konkurrierende Gesetzgebung immer, in den übrigen Fällen nur, wenn die Voraussetzungen des Art. 72 Abs. 2 GG vorliegen.

Aufgabe 2

Nach Art. 70 Abs. 1 GG haben die Länder das Recht der Gesetzgebung, es sei denn, dass das Grundgesetz hiervon abweichend etwas anderes regelt.

Die Schul- und Kultusgesetzgebung ist in keiner der im Grundgesetz für den Bund abschließend aufgezählten Regelungen über:

- die ausschließliche Gesetzgebung Art. 71 i.V.m. Art. 73 GG
- die konkurrierende Gesetzgebung Art. 72 i.V.m. Art. 74 GG
- die Rahmengesetzgebung des Art. 75 GG

enthalten.

Folglich liegt die Gesetzgebungsbefugnis bei den Ländern.

Aufgabe 3

a) Es liegt ein Fall der konkurrierenden Gesetzgebung nach Art. 74 Abs. 1 Nr. 24 GG vor.
   Länder können Gesetze erlassen, solange und soweit der Bund von seiner Gesetzgebungszuständigkeit nicht durch Gesetz Gebrauch gemacht hat (Art. 72 Abs. 1 GG).

b) Sofern die Voraussetzungen des Art. 72 Abs. 2 GG vorliegen, kann der Bund im Jahr 20 ein Bundessmoggesetz erlassen.

c) Ab Inkrafttreten des Bundesgesetzes ist nur noch dieses anzuwenden (Bundesrecht bricht Landesrecht, Art. 31 GG).

Aufgabe 4

a) Das Gesetz wurde in der Schlussabstimmung nach der dritten Lesung im Bundestag gegen die Stimmen der Opposition beschlossen.

b) Es handelt sich um ein Einspruchsgesetz.

c) Der Bundestag kann das Gesetz gem. Art. 77 Abs. 4 GG mit Kanzlermehrheit verabschieden, wenn der Bundesrat nach Art. 77 Abs. 3 und 4 GG mit der Mehrheit der Stimmen des Bundesrates Einspruch eingelegt hat.

d) Wurde der Einspruch mit einer Mehrheit von 2/3 der Stimmen beschlossen, so bedarf die Zurückweisung durch den Bundestag einer Mehrheit von 2/3, mindestens der Mehrheit der Mitglieder des Bundestages (Art. 77 Abs. 4 GG).

Aufgabe 5

Die 4. Lesung ist die erneute Beschlussfassung des Bundestages, wenn das Gesetz im Vermittlungsausschuss geändert wurde (Art. 77 Abs. 2 GG).

Aufgabe 6

a) Der dritte Wahlgang.

b) Den dritten Wahlgang gewinnt, wer die meisten Stimmen erhält (= einfache bzw. relative Mehrheit, Art. 54 Abs. 6 GG).

c) Für einen Wahlsieg im ersten oder zweiten Wahlgang werden die Stimmen der Mehrheit der Mitglieder (= absolute Mehrheit) benötigt (Art. 54 Abs. 6 GG).

d) Die Bundesversammlung wird durch den Bundestagspräsidenten einberufen (Art. 54 Abs. 4 GG).

e) Die von den Ländern entsandten Personen müssen nicht Abgeordnete der Volksvertretungen der Länder sein.

f) Der Bundesratspräsident (Art 57 GG).

Aufgabe 7

a) Da die Bundesorgane Bundestag und Bundesrat der Auffassung sind, dass das Gesetz verfassungsgemäß ist, der Bundespräsident (Bundesorgan) aber gegensätzlicher Auffassung ist, besteht die Möglichkeit die Rechtslage durch eine Organklage nach Art. 93 Abs. 1 Nr. 1 GG beim Bundesverfassungsgericht klären zu lassen.

b) Da der Bundespräsident die Ausfertigung verweigert, obwohl er weiß, dass er kein Prüfrecht bezüglich des Wortlauts des Gesetzes hat, verstößt er vorsätzlich gegen das Grundgesetz. Es besteht die Möglichkeit der Präsidentenanklage nach Art. 61 Abs. 1 GG.

Aufgabe 8

- Art. 63 Abs. 4 GG: Wenn der Bundeskanzler im dritten Wahlgang nur mit einfacher Mehrheit gewählt wird;
- Art. 68 Abs. 1 GG: Wenn dem Bundeskanzler auf seinem Antrag hin das Vertrauen nicht ausgesprochen wird.

Aufgabe 9

- Zu Beginn einer neuen regulären Legislaturperiode nach erfolgter Bundestagswahl;
- Bei Auflösung des Bundestages nach erfolgter neuen Bundestagswahlen (Art. 63 Abs. 4 GG);
- Bei erfolgloser Vertrauensfrage vor Auflösung des Bundestages (durch das bestehende Parlament, Art. 68 Abs. 1 Nr. 2 GG);

- Beim Misstrauensvotum (Art. 67 GG);
- Beim Tod oder Rücktritt des Bundeskanzlers.

Aufgabe 10

a) Art. 77 Abs. 1 Satz 2 GG: immer.

b) Einspruchs- oder Zustimmungsgesetz.

c) Bundesrat (Art. 77 Abs. 2 Satz 1 GG), bei Zustimmungsgesetzen auch der Bundestag und die Bundesregierung (Art. 77 Abs. 2 Satz 4 GG).

d) Gesetzesinitiative: Bundestag, Bundesregierung, Bundesrat. Bei Initiative von Bundesregierung über Bundesrat, bei Initiative von Bundesrat über Bundesregierung, bei Initiative aus der Mitte des Bundestages unmittelbar zum Bundestag. Nach drei Lesungen und der Schlussabstimmung zum Bundesrat. Nach Passieren des Bundesrates zum Bundespräsidenten zur Ausfertigung. Danach Verkündung im Bundesgesetzblatt.

Aufgabe 11

Menschenrechte (z.B. Art. 1 GG) gelten für alle Menschen, Bürgerrechte nur für Deutsche (Art. 8 GG).

Aufgabe 12

a) Art. 20 Abs. 1 GG.

b) Diese Vorschrift enthält sämtliche Verfassungsgrundsätze.

Aufgabe 13

a) Artikel 19 Abs. 4 GG.

b) Rechtsstaatlichkeit.

c) Weil Art. 19 Abs. 4 GG nur für das Verhältnis „Bürger und Staat" gilt.

Aufgabe 14

a) Er benötigt zur Wahl die relative (einfache) Mehrheit.

b) A erhält kein Bundestagsmandat.
Da die Partei X im Bundesland Hessen Überhangmandate erreicht, werden die mit der Zweitstimme erreichten Parlamentssitze nicht durch die Landesliste besetzt.

Punktetabelle zur Prüfungsklausur aus dem Fach Staats- und Verwaltungskunde

	Punkte
Aufgabe 1	
Art. 72 Abs. 2 und 74 GG	1
Art. 74 und 74a GG	2
Art. 105 Abs. 2 GG	3
bei Gemeinschaftssteuern immer	4
Aufgabe 2	
Grundsatz des Art. 70 Abs. 1 GG	5
keine Aufzählung in Art. 71 bis 75 GG deshalb Gesetzgebungsbefugnis bei den Ländern	6
Aufgabe 3	
Teil a)	
konkurrierende Gesetzgebung Art. 74 Abs. 1 Nr. 24 GG	7

	Punkte
Landesgesetz möglich, solange der Bund nicht tätig wird Art. 72 Abs. 1 GG	8
Teil b)	
Unter den Voraussetzungen des Art. 72 Abs. 2 GG kann der Bund das Gesetz erlassen	9
Teil c)	
Nur das Bundesgesetz Art. 31 GG	10
Aufgabe 4	
Teil a)	
Schlussabstimmung nach der dritten Lesung im Bundestag	11
Teil b)	
Einspruchsgesetz	12
Teil c)	
Art. 77 Abs. 4 GG der Bundestag	13
wenn Bundesrat mit Mehrheit der Stimmen Einspruch eingelegt	14
Teil d)	
Einspruch Bundesrat mit $^2/_3$-Mehrheit, Zurückweisung Bundestag ebenfalls $^2/_3$ Mehrheit	15
Aufgabe 5	
Art. 77 Abs. 2 GG	16
erneute Beschlussfassung im Bundestag nach einer Änderung im Vermittlungsausschuss	17
Aufgabe 6	
Teil a)	
der dritte Wahlgang	18
Teil b)	
Art. 54 Abs. 6 GG: einfache Mehrheit	19
Teil c)	
für ersten und zweiten Wahlgang absolute Mehrheit	20
Teil d)	
der Bundestagspräsident Art. 54 Abs. 4 GG	21
Teil e)	
Vertreter der Länder müssen keine	22
Abgeordneten der Länderparlamente sein	23
Teil f)	
Bundesratspräsident Art. 57 GG	24
Aufgabe 7	
Teil a)	
Organklage	25

	Punkte
Art. 93 Abs. 1 Nr. 1 GG	26
Teil b)	
kein Prüfungsrecht	27
Präsidentenanklage Art. 61 GG	28
Aufgabe 8	
Art. 63 Abs. 4 GG	29
Kanzlerwahl im dritten Wahlgang mit einfacher Mehrheit	30
Art. 68 Abs. 1 GG	31
nach erfolgloser Vertrauensfrage	32
Aufgabe 9	
zu Beginn einer neuen Legislaturperiode	33
bei Auflösung des Bundestages nach neuer Bundestagswahl (Art. 63 Abs. 4 GG)	34
Art. 68 Abs. 1 Nr. 2 GG: bei erfolgloser Vertrauensfrage vor Auflösung des Bundestages	35
beim Misstrauensvotum Art. 67 GG	36
beim Tod oder Rücktritt des Kanzlers	37
Aufgabe 10	
Teil a)	
Art. 77 Abs. 1 GG: immer	38
Teil b)	
Einspruchsgesetz	39
Zustimmungsgesetz	40
Teil c)	
Bundesrat	41
bei Zustimmungsgesetzen auch Bundestag und Bundesregierung	42
Teil d)	
Gesetzesinitiative: Bundestag, Bundesrat, Bundesregierung	43
Bundesregierung über Bundesrat	44
Bundesrat über Bundesregierung	45
aus der Mitte des Bundestages zum Bundestag	46
drei Lesungen und Schlussabstimmung	47
danach zum Bundesrat	48
danach zum Bundespräsidenten zur Ausfertigung	49
danach Verkündung im Bundesgesetzblatt	50
Aufgabe 11	
Menschenrechte gelten für alle Menschen Art. 1 GG	51
Bürgerrechte gelten nur für Deutsche Art. 8 GG	52

	Punkte
Aufgabe 12	
Teil a)	
Art. 20 Abs. 1 GG	53
Teil b)	
sämtliche Verfassungsorgane	54
Aufgabe 13	
Teil a)	
Art. 19 Abs. 4 GG	55
Teil b)	
Rechtsstaatlichkeit	56
Teil c)	
Nur Verhältnis Bürger und Staat	57
Aufgabe 14	
Teil a)	
relative (einfache) Mehrheit	58
Teil b)	
A erhält kein Bundestagsmandat	59
wegen Überhangmandat kein Sitz über die Landesliste	60
Sonderpunkte für besonders ausführliche Begründung in Einzelfällen	S 1, 2

Notentabelle		
Korrekturpunkte	**Punkte nach § 6 Abs. 1 StBAPO**	**Note**
60–57	15	1
56–55	14	
54–52	13	2
51–49	12	
48–46	11	
45–44	10	3
43–41	9	
40–38	8	
37–35	7	4
34–33	6	
32–30	5	
29–24	4	5
23–18	3	
17–12	2	
11–6	1	6
5–0	0	

Fall 9:

Übungsklausur aus dem Fach Buchführung

Themenkreis: Inventar, Bilanz, Bilanzenzusammenhang, Betriebsvermögensvergleich, Deuten von Buchungssätzen, Bilden von Buchungssätzen, Buchen auf Konten, Abschluss der Konten, Gewinnermittlung

Schwierigkeitsgrad: 1. fachtheoretischer Ausbildungsabschnitt

Bearbeitungszeit: 2 Stunden

Hilfsmittel: Beck'sche Bände
- Steuergesetze
- Steuerrichtlinien

HGB

I.   Bearbeitungshinweise

Diese Aufsichtsaufgabe besteht aus **drei** verschiedenen Sachverhalten, die **unabhängig** voneinander bearbeitet werden können.

Umsatzsteuer/Vorsteuer ist **nicht** zu beachten.

Auf Absetzungen für Abnutzung (AfA) ist **nicht** einzugehen.

II.   Sachverhalt 1

Dagmar Specht (Dagmar) eröffnete zum 01.01.02 in der City von Edenkoben den Videoladen „Show out".

Zu Beginn ihres Gewerbebetriebes erstellte sie zum 01.01.02 ein Eröffnungsinventar, in dem folgende Vermögensgegenstände und Schulden verzeichnet sind:

Regale	15.000 €
Computeranlage	4.290 €
Videos	4.900 €
Bankkonto	./. 3.000 €
Darlehen	21.310 €
Bargeld	120 €

Während des Jahres 02 entnahm Dagmar zu jedem 10. eines Monats 100 € aus der betrieblichen Kasse für ihren Haushalt. Im April 02 brach ein Besucherstuhl zusammen. Da Dagmar gerade kein Bargeld in der Kasse hatte, kaufte sie einen neuen Stuhl für den Laden für 200 €. Das Geld dafür hatte sie von ihrem privaten Sparbuch genommen.

Das Reinvermögen zum 31.12.02 betrug ./. 1.000 €. Dagmar führt ordnungsgemäß ihre Bücher und ermittelt ihren Gewinn mit Hilfe ihrer Buchführung.

III.   Aufgaben zu Sachverhalt 1

1. Nach welchen Vorschriften muss Dagmar ein Eröffnungsinventar und zum Ende eines jeden Geschäftsjahres eine Schlussbilanz aufstellen?
2. Was verstehen Sie unter dem Bilanzenzusammenhang und wo ist er gesetzlich geregelt?
3. Erstellen Sie die Eröffnungsbilanz zum 01.01.02.
4. Wie hoch ist die Bilanzsumme zum 01.01.02?
5. Ermitteln Sie die Einkünfte aus Gewerbebetrieb aus dem Videoladen für das Jahr 02. Wie nennt man diese Gewinnermittlungsmethode und nach welcher Vorschrift wird sie vorgegeben?

IV. Sachverhalt 2
Aus einer Buchführung ergeben sich die folgenden Buchungssätze:

1.	Fuhrpark		an	Bank	25.000 €
2.	Fuhrpark		an	Privateinlage	25.000 €
3.	Grund und Boden		an	Darlehen	40.000 €
4.	Grund und Boden	40.000 €		Bank	100.000 €
	Gebäude	200.000 €	an	Darlehen	140.000 €
5.	Mietaufwand		an	Privateinlage	500 €

V. Aufgabe zu Sachverhalt 2
Deuten Sie diese Buchungssätze und geben Sie jeweils die Auswirkung auf das Betriebsvermögen und den Gewinn an.

VI. Sachverhalt 3
Noki Klick (Noki) betreibt in Mutterstadt ein Fotogeschäft. Das Wirtschaftsjahr entspricht dem Kalenderjahr. Zum 31.12.01 liegt dem Finanzamt folgende Bilanz vor:

Aktiva	Schlussbilanz		Passiva
Geschäftsausstattung	2.000 €	Kapital	50.000 €
Fuhrpark (= Pkw 1)	8.000 €	Verbindlichkeiten	30.000 €
Forderungen	58.000 €		
Arbeitnehmerdarlehen	3.000 €		
Bank	8.000 €		
Kasse	1.000 €		
Summe	**80.000 €**	**Summe**	**80.000 €**

Im Jahr 02 ereigneten sich die folgenden **10** Geschäftsvorfälle:
1. Eingang von Forderungen per Barzahlungen i.H.v. 50.000 €.
2. Noki bestellte bei seinem Japanimporteur einen größeren Posten Kameras im Wert von 40.000 €. Die Auslieferung erfolgte aber erst in 03. Noki überwies im Oktober von seinem Bankkonto eine Abschlagszahlung von 10.000 €.
3. Ein Kunde beglich eine ihm in 01 gestellte Rechnung i.H.v. 1.000 € durch Banküberweisung.
4. Noki kaufte am 01.01.02 einen Neuwagen (Pkw 2, 20.000 €) für seinen Betrieb. Er gab den Altwagen (Pkw 1) für 10.000 € in Zahlung. Den Differenzbetrag beglich er durch eine Barzahlung i.H.v. 1.000 € und durch eine Banküberweisung i.H.v. 9.000 €.
5. Lohnzahlungen an im Laden beschäftigte Arbeitnehmer i.H.v. 30.000 €. Die Überweisung erfolgte jeweils vom Bankkonto.
6. Vgl. dazu **Anlage 1**.
7. Ein Arbeitnehmer, dem 01 ein Darlehen gewährt wurde, leistete eine Tilgungszahlung i.H.v. 2.000 € und eine Zinszahlung i.H.v. 100 €. Der Geldbetrag wurde bar vereinnahmt.
8. Noki hat ein privates Sparbuch. Die Zinsen i.H.v. 200 € wurden aber dem betrieblichen Bankkonto gutgeschrieben.
9. Aus der betrieblichen Kasse wurden folgende Beträge entnommen:
   a) 300 € für mehrere Jahreslose der Glücksspirale. Noki hatte tatsächlich Glück und gewann 5.000 €, die dem privaten Bankkonto gutgeschrieben wurden.

b) Versicherungsbeiträge i.H.v. insgesamt 2.000 €. Davon betrafen 600 € eine Lebensversicherung, 1.000 € die Autohaftpflichtversicherung für den neu angeschafften Pkw 2 und 400 € eine Betriebsrechtsschutzversicherung.

c) 800 € wurden auf das betriebliche Bankkonto einbezahlt.

10. Vgl. **Anlage 2.**

VII. Aufgaben zu Sachverhalt 3

Bilden Sie für die 10 Geschäftsvorfälle die Buchungssätze und geben Sie dabei die Auswirkungen auf das Betriebsvermögen und den Gewinn an.

Verbuchen Sie die Geschäftsvorfälle auf den jeweiligen Konten (ohne Kontenruf). Schließen sie danach alle Konten mit **Kontenruf** ab und erstellen Sie die Schlussbilanz zum 31.12.02.

Stellen Sie drei Wege dar, den Gewinn für 02 zu ermitteln und nehmen Sie die jeweiligen Berechnungen vor.

Anlage 1

Finanzamt Ludwigshafen
– Finanzkasse –
Postfach 47 11
67000 Ludwigshafen

Herrn
Noki Klick
Snapshot 4
67112 Mutterstadt   **24.08.02**

Steuernummer: 06/666/6666/6

Sehr geehrter Herr Klick,
durch Ihre Einkommensteuer-Veranlagung 01 ergab sich ein Erstattungsanspruch i.H.v. 10.000 €. Wir haben diesen Betrag mit noch offenstehenden Steuerrückständen wie folgt verrechnet:

	Erstattung Einkommensteuer 01	10.000 €
Umbuchung auf	**a)** Erbschaftsteuerschuld aus 00	8.500 €
	b) auf Ihr betriebliches Bankkonto	1.500 €

Mit freundlichem Gruß
Ihr Finanzamt

Anlage 2

ZWEIRAD
„Radl"
Rennstrasse 0815
47110 Teststadt

Herrn
Noki Klick
Snapshot 4
67112 Mutterstadt

Datum: 20.03.02
Rechnung Nr.: 1/02
Telefon: 06234/938078

Sehr geehrter Herr Klick,
wie versprochen, haben wir heute Morgen Ihrer Tochter zu ihrem 10. Geburtstag das von Ihnen bestellte Mountainbike „Kraxel" überreicht.
Wir erlauben uns daher zu berechnen:

Kaufpreis	**1.500 €**
+ 19 % Umsatzsteuer	285 €
Gesamt	**1.785 €**

Mit freundlichem Gruß
Radl

(**Vermerk**: Der Kaufpreis wurde 03 vom betrieblichen Bankkonto überwiesen)

VIII. Lösungen
Sachverhalt 1
1. Eröffnungsinventar: § 240 Abs. 1 HGB
   Schlussbilanz: § 242 Abs. 1 HGB
2. Die Schlussbilanz des alten Geschäftsjahres entspricht der Eröffnungsbilanz des neuen Geschäftsjahres, § 252 Abs. 1 Nr. 1 HGB.
3. Eröffnungsbilanz zum 01.01.02

Aktiva	Eröffnungsbilanz		Passiva
Betriebs- und Geschäftsausstattung	19.290 €	Bank	3.000 €
Waren	4.900 €	Darlehen	21.310 €
Kasse	120 €		
Summe	**24.310 €**	**Summe**	**24.310 €**

4. Die Bilanzsumme zum 01.01.02 beträgt 24.310 €.

5. Einkünfte aus Gewerbebetrieb sind der Gewinn (Verlust), § 2 Abs. 2 Nr. 1 EStG. Die Ermittlung des Gewinns erfolgt durch den Betriebsvermögensvergleich, § 4 Abs. 1 Satz 1 EStG:

BV 31.12.02	./. 1.000 €
BV 01.01.02	./. 0 €
BV-Minderung	./. 1.000 €
Privatentnahmen	+ 1.200 €
Privateinlagen	./. 200 €
Gewinn 02	0 €

Sachverhalt 2

	Geschäftsvorfall	BV	Gewinn
1.	Ein neuer Geschäftswagen wird per Bankzahlung gekauft.	–	–
2.	Ein neuer Geschäftswagen wird gekauft und privat bezahlt (Alternative = Gegenstandseinlage).	+ 25.000 €	–
3.	Ein unbebautes Grundstück wird durch Aufnahme eines Darlehens erworben.	–	–
4.	Ein bebautes Grundstück wird gekauft und per Bank und durch Aufnahme eines Darlehens bezahlt.	–	–
5.	Die betriebliche Miete wird privat beglichen.	–	./. 500 €

Sachverhalt 3

1. Buchen der Geschäftsvorfälle mit Angabe der Auswirkungen auf das Betriebsvermögen und den Gewinn.

	Geschäftsvorfall					BV	Gewinn
1.	Kasse	an	Forderungen	50.000 €		–	–
2.	(geleistete) Anzahlungen	an	Bank	10.000 €		–	–
3.	Bank	an	Forderungen	1.000 €		–	–
4.	Fuhrpark 20.000 €	an	Fuhrpark	8.000 €			
			a.o. Ertrag	2.000 €		+ 2.000 €	+ 2.000 €
			Kasse	1.000 €			
			Bank	9.000 €			
5.	Lohnaufwand	an	Bank	30.000 €		./. 30.000 €	./. 30.000 €
6.	Bank	an	Privateinlage	1.500 €		+ 1.500 €	–
7.	Kasse 2.100 €	an	Arbeitn.darlehen	2.000 €			
			Zinserträge	100 €		+ 100 €	+ 100 €
8.	Bank	an	Privateinlage	200 €		+ 200 €	–
9.	a) – Privatentnahme	an	Kasse	300 €		./. 300 €	–
	– Gewinn → ≠ Buchung, da rein privater Vorfall						
	b) Privatentnahme	600 €					
	Kfz-Kosten	1.000 €					
	Versicherungen	400 €	an	Kasse	2.000 €	./. 2.000 €	./. 1.400 €
	c) Bank		an	Kasse	800 €	–	–

Geschäftsvorfall		BV	Gewinn
10.	Kein betrieblicher Vorfall		
	(die Buchung „Privatentnahme an Bank 1.785 €" erfolgt erst im Jahr 03)		
	Summen	**./. 28.500 €**	**./. 29.300 €**

2. Verbuchen der Geschäftsvorfälle mit Abschluss der Konten und Erstellen der Schlussbilanz.

Soll	Geschäftsausstattung		Haben
AB	2.000 €	SBK	2.000 €
Summe	2.000 €	Summe	2.000 €

Soll	Fuhrpark		Haben
AB	8.000 €	4)	8.000 €
4)	20.000 €	SBK	20.000 €
Summe	28.000 €	Summe	28.000 €

Soll	Forderungen		Haben
AB	58.000 €	1)	50.000 €
		3)	1.000 €
		SBK	7.000 €
Summe	58.000 €	Summe	58.000 €

Soll	Arbeitnehmer-darlehen		Haben
AB	3.000 €	7)	2.000 €
		SBK	1.000 €
Summe	3.000 €	Summe	3.000 €

Soll	Bank		Haben
AB	8.000 €	2)	10.000 €
3)	1.000 €	4)	9.000 €
6)	1.500 €	5)	30.000 €
8)	200 €		
9c)	800 €		
SBK	37.500 €		
Summe	49.000 €	Summe	49.000 €

Soll	Kasse		Haben
AB	1.000 €	4)	1.000 €
1)	50.000 €	9a)	300 €
7)	2.100 €	9b)	2.000 €
		9c)	800 €
		SBK	**49.000 €**
Summe	53.100 €	Summe	53.100 €

Soll	Kapital		Haben
Pentn.	900 €	AB	50.000 €
G+V	29.300 €	Privateinl.	1.700 €
SBK	21.500 €		
Summe	57.100 €	Summe	51.700 €

Soll	Verbindlichkeiten		Haben
SBK	30.000 €	AB	30.000 €
Summe	30.000 €	Summe	30.000 €

Soll	geleistete Anzahlungen		Haben
2)	10.000 €	SBK	**10.000 €**
Summe	10.000 €	Summe	10.000 €

Soll	a.o. Ertrag		Haben
G+V	2.000 €	4)	2.000 €
Summe	2.000 €	Summe	2.000 €

Soll	Lohnaufwand		Haben
5)	30.000 €	G+V	30.000 €
Summe	30.000 €	Summe	30.000 €

Soll	Privateinlagen		Haben
Kapital	1.700 €	6)	1.500 €
		8)	200 €
Summe	1.700 €	Summe	1.700 €

Soll	Zinserträge		Haben
G+V	100 €	7)	100 €
Summe	100 €	Summe	100 €

Soll	Privatentnahmen		Haben
9a)	300 €	Kapital	900 €
9b)	600 €		
Summe	900 €	Summe	900 €

Soll	Kfz-Kosten		Haben
9b)	1.000 €	G+V	1.000 €
Summe	1.000 €	Summe	1.000 €

Soll	Versicherungen		Haben
9b)	400 €	G+V	400 €
Summe	400 €	Summe	400 €

Soll	G+V		Haben
Lohn	30.000 €	a.o. Ertrag	2.000 €
Kfz-Kosten	1.000 €	Zinserträge	100 €
Versich.	400 €	Kapital	29.300 €
Summe	31.400 €	Summe	31.400 €

Soll	SBK		Haben
Geschausst.	2.000 €	Kapital	21.500 €
Fuhrpark	20.000 €	Bank	37.500 €
Forderungen	7.000 €	Verbl.	30.000 €
AN-Darlehen	1.000 €		
Kasse	49.000 €		
Gel. Anz.	10.000 €		
Summe	89.000 €	Summe	89.000 €

Aktiva	Schlussbilanz 31.12.02		Passiva
Geschäftsausstattung	2.000 €	Kapital	21.500 €
Fuhrpark	20.000 €	Bank	37.500 €
Forderungen	7.000 €	Verbindlichkeiten	30.000 €
Arbeitnehmer-Darlehen	1.000 €		
Kasse	49.000 €		
Geleistete Anzahlungen	10.000 €		
Summe	89.000 €	Summe	89.000 €

3. Drei Wege, den Gewinn für das Geschäftsjahr 02 zu ermitteln:

1. Weg	2. Weg	3. Weg		
Summe der Gewinnauswirkungen der Buchungssätze	Saldo des G+V-Kontos	BV-Vergleich nach § 4 Abs. 1 Satz 1 EStG:		
		BV 31.12.02		21.500 €
		./. BV 31.12.01		50.000 €
		BV-Minderung	./.	28.500 €
		+ Privatentnahmen		900 €
		./. Privateinlagen		1.700 €
Gewinn ./. 29.300 €	Gewinn ./. 29.300 €	**Gewinn**	**./.**	**29.300 €**

Punktetabelle zur Übungsklausur aus dem Fach Buchführung

	Punkte
Sachverhalt 1	
Eröffnungsinventar + § 240 Abs. 1 HGB	1
Schlussbilanz + § 242 Abs. 1 HGB	2
Eröffnungsbilanz neues Geschäftsjahr = Schlussbilanz altes Geschäftsjahr	3
§ 252 Abs. 1 Nr. 1 HGB	4
Aktiva	5
Aktiva	6
Passiva	7
Bilanzsumme = 24.310	8
Betriebsvermögensvergleich + § 4 Abs. 1 Satz 1 EStG	9
31.12.02 = ./. 1.000	10
01.01.02 = 0	11
Privatentnahme = 1.200	12
Privateinlage = 200	13
Sachverhalt 2	
Neuer Geschäftswagen per Bank	14
–/–	15
Neuer Geschäftswagen privat bezahlt	16
+ 25.000/–	17
Unbebautes Grundstück wird per Darlehen gekauft	18
–/–	19

	Punkte
Bebautes Grundstück wird per Bank und per Darlehen bezahlt	20
–/–	21
Betriebliche Miete wird privat beglichen	22
–/./. 500	23
Sachverhalt 3	
Kasse an Forderungen 50.000	24
–/–	25
Geleistete Anzahlung an Bank 10.000	26
–/–	27
Bank an Forderungen 1.000	28
–/–	29
Fuhrpark 20.000 an Fuhrpark 8.000/a.o. Ertrag 2.000/Kasse 1.000/Bank 9.000	30
+ 2.000/+ 2.000	31
Lohnaufwand an Bank 30.000	32
./. 30.000/./. 30.000	33
Bank an Privateinlage 1.500	34
+ 1.500/–	35
Kasse 2.100 an Arbeitnehmer-Darlehen 2.000/Zinserträge 100	36
+ 100/+ 100	37
Bank an Privateinlage 200	38
+ 200/–	39
Privatentnahme an Kasse 300	40
./. 300/–	41
Gewinn keine Buchung, da privat	42
Privatentnahme 600/Kfz-Kosten 1.000/Versicherungen 400 an Kasse 2.000	43
./. 2.000/./. 1.400	44
Bank an Kasse 800	45
–/–	46
Keine Buchung, da privat	47
10 Punkte für **alle** Konten	48–57
Schlussbilanz zum 31.12.02	58
Summe Buchungssätze: Gewinn ./. 29.300	59
Saldo G+V ./. 29.300	60
Betriebsvermögensvergleich	61
Betriebsvermögensvergleich: Gewinn ./. 29.300	62

Notentabelle		
Korrekturpunkte	**Punkte nach § 6 Abs. 1 StBAPO**	**Note**
62–59	15	1
58–56	14	
55–54	13	2
53–51	12	
50–48	11	
47–45	10	3
44–42	9	
41–39	8	
38–37	7	4
36–34	6	
33–31	5	
30–25	4	5
24–19	3	
18–12	2	
11–6	1	6
5–0	0	

Fall 10:

Prüfungsklausur aus dem Fach Buchführung und Bilanzwesen

Themenkreis: Bilanzierung von Tieren, Arbeitszimmer im Betriebsvermögen, Nutzungsänderung, Warenkonten, Buchungen und Gewinnkorrekturen, Rohgewinn, Pkw-Problematik, Buchführungspflicht

Schwierigkeitsgrad: Laufbahnprüfung

Bearbeitungszeit: 3 Stunden

Hilfsmittel: Beck'sche Bände
- Steuergesetze
- Steuerrichtlinien

HGB

Hinweise!
1. Diese Prüfungsaufgabe besteht aus **fünf** voneinander unabhängigen Sachverhalten, die Sie auch in beliebiger Reihenfolge bearbeiten können.
2. Gehen sie bei Ihrer Lösung von der Rechtslage Oktober 2018 aus.
3. AfA ist nur linear möglich.

I.   Sachverhalt 1

Autohändler Lepo (Umsatzbesteuerung nach vereinbarten Entgelten) unterhält sich auf einer Zugfahrt mit einem Kollegen über steuerliche Probleme. Lepo möchte einen kleinen „Tierpark" in seinen Ausstellungsräumen einrichten, damit die Kinder der potentiellen Käufer keine Langeweile haben; außerdem wertet es auch sein Image auf, denn welcher Autohändler hat schon solch einen Tierpark.

Lepo will sich im Januar 02 zunächst 2 Meerschweinchen kaufen, die er dann in einem 1 qm großen, offenen Käfig unterbringen möchte. Lepo hat an 2 verschiedene Meerschweinchen gedacht und hat sich auch schon erkundigt was sie kosten sollen:
- afrikanisches Buschmeerschweinchen (Nutzungsdauer 3 Jahre),
  Anschaffungskosten (netto) = 148 €.
- tibetanisches Kampfmeerschweinchen (Nutzungsdauer 6 Jahre),
  Anschaffungskosten (netto) = 600 €.

Das Futter für die Meerschweinchen schätzt Lepo auf 150 € (netto).

Lepos Kollege ist der Meinung, dass diese Kosten steuerlich keine Rolle spielen. Er habe noch nie gehört, dass man mit Meerschweinchen steuerlich etwas anfangen könne.

II.   Aufgabe zu Sachverhalt 1

Nehmen Sie zu der Ansicht von Lepos Kollegen aus einkommensteuersteuerlicher Sicht Stellung. Stellen Sie dabei alle „Abschreibungsmöglichkeiten" dar; Berechnungen sind keine durchzuführen. Begründen Sie Ihre Lösung unter genauer Angabe der maßgebenden gesetzlichen Vorschriften.

III.   Sachverhalt 2

Hörn Chen (Hörn) betreibt in angemieteten Räumen in Jockgrim eine Bäckerei (Umsatzbesteuerung nach vereinbarten Entgelten), in der sich ausschließlich die Produktionsräume und ein Verkaufsraum befinden. In seiner zum 01.01.02 angeschafften, 10 Jahre alten, Eigentumswohnung in Wörth nutzt Hörn einen Raum, in dem er einen Teil seiner betrieblichen Waren und Werbematerialien lagert; ansonsten wird die Eigentumswohnung für eigene Wohnzwecke genutzt.

Für diesen Raum fallen jährlich 500 € laufende Kosten (ohne AfA) an. Er hat eine Fläche von 10 m² bei einer Gesamtfläche der Eigentumswohnung von 100 m². Die Anschaffungskosten für die Eigentumswohnung betrugen 240.000 €; der Teilwert lag am 01.01.02 bei 250.000 € (Anteil Grund und Boden jeweils 15 %).

Alle zahlbaren Beträge wurden über das betriebliche Bankkonto beglichen.

Hörn hat keinerlei Buchungen vorgenommen, weil er die Eigentumswohnung als Privatvermögen (auch umsatzsteuerlich) behandeln will.

IV. Aufgaben zu Sachverhalt 2

1. Nehmen Sie für **02** zu dem Sachverhalt aus bilanzsteuerrechtlicher Sicht Stellung und begründen Sie Ihre Entscheidungen unter genauer Angabe der entsprechenden gesetzlichen Vorschriften.

2. Geben Sie jeweils die nach Ihrer Meinung richtigen Buchungssätze an. Vergleichen Sie anschließend die Gewinnauswirkung der richtigen Buchungssätze mit der Gewinnauswirkung der Buchungssätze des Steuerpflichtigen und ermitteln Sie die Gewinnkorrektur.

3. Hörn nutzt ab dem **01.01.04** den Lagerraum ausschließlich als Kinderzimmer, da seine Lebensgefährtin und er Nachwuchs bekommen haben. Welche Folgen ergeben sich daraus? Begründen Sie Ihre Entscheidungen unter genauer Angabe der entsprechenden gesetzlichen Vorschriften und gehen Sie davon aus, dass der Teilwert der Eigentumswohnung zum 01.01.04 dem zum 01.01.02 entspricht.

V. Sachverhalt 3

Spielzeughändler Barbie Görl (Barbie) hat am 01.11.02 seinen Betrieb eröffnet. Außer einem Bankguthaben von 200.000 € hat er kein weiteres Vermögen oder Schulden. Er ermittelt seinen Gewinn durch Buchführung und versteuert seine Umsätze nach vereinbarten Entgelten.

Am 01.12.02 erhält Barbie eine Lieferung Malpappe (zum Verkauf bestimmt) mit folgender beigefügter Rechnung des Lieferers:

„...	
10 Kg zum Kaufpreis (netto) von	1.500 €
gesetzliche Umsatzsteuer	+ 285 €
Rechnungsbetrag	**1.785 €**
	„
	...

Buchung:

Wareneinkauf	1.500 €			
Vorsteuer	285 €	an	Lieferanten	1.785 €

Zusätzlich erhält er am 03.12.02 von der von ihm selbst beauftragten Firma UPS (Paketservice) eine Rechnung über 100 € zzgl. 19 % USt für die Lieferung der Malpappe, die er direkt vom betrieblichen Bankkonto begleicht.

Buchung:

Wareneinkauf	100 €			
Vorsteuer	19 €	an	Bank	119 €

Vom Lieferer der Malpappe erhält Barbie am 28.12.02 auf seine Reklamation vom 08.12.02 wegen mangelnder Qualität die fernschriftliche Zusage für einen Preisnachlass von 10 % auf den Rechnungsbetrag der gesamten Lieferung. Am 30.12.02 überweist er den noch ausstehenden Betrag an den Lieferer.

Buchungen:

28.12.02				
Lieferanten	178,50 €	an	Wareneinkauf	150,00 €
			Vorsteuer	28,50 €

30.12.02				
Lieferanten		an	Bank	1.606,50 €

Nachdem er einen Teil der Ware für 800 € zzgl. 19 % USt noch am 29.12.02 bar verkaufen konnte, ergab sich am 31.12.02 laut Inventur noch ein Lagerbestand von der eingekauften Malpappe von 6 Kg.

Buchungen:

29.12.02				
Kasse	952 €	an	WVK	800 €
			Umsatzsteuer	152 €
30.12.02				
SBK		an	WBK	870 €
WBK		an	G+V	870 €

Weitere Geschäftsvorfälle ergaben sich im Betrieb von Barbie im Jahr 02 nicht.

VI. Aufgaben zu Sachverhalt 3

1. Nehmen Sie für **02** zu dem Sachverhalt aus bilanzsteuerrechtlicher Sicht Stellung und begründen Sie Ihre Entscheidungen unter genauer Angabe der entsprechenden gesetzlichen Vorschriften.
2. Geben Sie jeweils die nach Ihrer Meinung richtigen Buchungssätze an. Vergleichen Sie anschließend die Gewinnauswirkung der richtigen Buchungssätze mit der Gewinnauswirkung der Buchungssätze des Steuerpflichtigen und ermitteln Sie die Gewinnkorrektur.
3. Stellen Sie die Warenkonten für 02 **mit Kontenruf** dar.
4. Ermitteln Sie den Rohgewinn für 02.

VII. Sachverhalt 4

Baustoffhändler Max Stein (Max), Gewinnermittlung durch Buchführung und Umsatzbesteuerung nach vereinbarten Entgelten, erwarb im Mai 01 einen gebrauchten Pkw (Nutzungsdauer 3 Jahre), den er zu mehr als der Hälfte für betriebliche, aber auch für private Fahrten nutzt. Außerdem muss er täglich mit diesem Pkw von zu Hause in seinen 25 Km entfernten Betrieb fahren.

Ab dem 1. Januar 02 führt Max ein ordnungsgemäßes Fahrtenbuch.

Ab dem 24.12.02 nutzt er den Pkw nur noch privat.

VIII. Aufgaben zu Sachverhalt 4

Begründen sie alle nachfolgenden Fragen **kurz** und unter Angabe der jeweiligen gesetzlichen Vorschriften. Gehen Sie davon aus, dass Max einen möglichst niedrigen Gewinn versteuern möchte. Berechnungen sind **nicht** durchzuführen.

1. Welche AfA kommt für das Jahr 01 und 02 in Betracht?
2. Wie werden die angefallenen Pkw-Kosten verbucht?
3. Welche einkommensteuerlichen Konsequenzen haben die Privatfahrten und die Fahrten von der Wohnung zum Betrieb?
4. Welche einkommensteuerlichen Folgen hat die ausschließliche Privatnutzung ab dem 24.12.02?

5. Welche umsatzsteuerlichen Folgen ergeben sich für 01 und 02? Gehen Sie davon aus, dass der Pkw zum Unternehmensvermögen gehört.

IX. Sachverhalt 5

Harry Koch (Harry) betreibt ein Sportartikel-Geschäft (Fußball, Tennis, Golf und Ski) in Kaiserslautern. Er beschäftigt eine Aushilfskraft (geringfügig Beschäftigte). Die Umsatzerlöse (= Barverkäufe) betrugen im Geschäftsjahr 01 lediglich 30.555 €. Das Ergebnis der § 4 Abs. 3-Rechnung für 01 belief sich auf 5.555 €.

Das zuständige Finanzamt vertritt die Auffassung, dass Harry zur Buchführung verpflichtet sei, und will ihm daher mitteilen, dass eine Gewinnermittlung nach § 4 Abs. 3 EStG nicht mehr zulässig ist und ab 03 die Gewinnermittlung durch Buchführung durchgeführt werden muss.

X. Aufgabe zu Sachverhalt 5

Nehmen Sie zur Auffassung des Finanzamts Stellung.

XI. Lösungen

> **R und H ohne Angabe betreffen die EStR und EStH.**

Sachverhalt 1

Die Meerschweinchen gehören zum notwendigen Betriebsvermögen (R 4.2 Abs. 1 Satz 1) und sind als bewegliche, abnutzbare und selbstständig nutzungsfähige Wirtschaftsgüter des Anlagevermögens grundsätzlich mit den Anschaffungskosten vermindert um die Abschreibungen zu bilanzieren, § 6 Abs. 1 Nr. 1 Satz 1 EStG.

Zu prüfen ist, welche „Abschreibungsmöglichkeiten" für die Meerschweinchen in Betracht kommen.

Afrikanisches Buschmeerschweinchen

Für bewegliche und selbstständig nutzungsfähige Wirtschaftsgüter, deren Anschaffungskosten 150 € nicht übersteigen besteht ein Wahlrecht: der Steuerpflichtige kann die sog. GWG-Regelung (Sofortabschreibung) nach § 6 Abs. 2a Satz 4 EStG oder die Abschreibungsmöglichkeit nach § 7 Abs. 1 EStG in Anspruch nehmen. Die Bildung eines Sammelpostens (§ 6 Abs. 2a Satz 1 EStG) ist hingegen nicht möglich, da die Anschaffungskosten 150 € nicht übersteigen.

> **Anmerkung:** Seit dem Veranlagungszeitraum 2018 ist weiterhin die Bildung eines Sammelpostens nicht mehr möglich, da die Anschaffungskosten 250 € nicht übersteigen. Der Steuerpflichtige kann ab diesem Veranlagungszeitraum aber die GWG-Regelung in Anspruch nehmen, da die Anschaffungskosten 800 € nicht übersteigen.

Tibetanisches Kampfmeerschweinchen

Die Anschaffungskosten betragen zwar mehr als 150 €, aber nicht mehr 1.000 €. Es bestehen folgende (Wahl-)Möglichkeiten:

*   Aufnahme in einen sog. Sammelposten (§ 6 Abs. 2a Satz 1 EStG). Dieser ist beginnend mit dem Wirtschaftsjahr der Bildung (02) und in den folgenden vier Wirtschaftsjahren linear aufzulösen (§ 6 Abs. 2a Satz 2 EStG).
*   Abschreibungsmöglichkeit nach § 7 Abs. 1 EStG.

> **Anmerkung:** Seit dem Veranlagungszeitraum 2018 beträgt die Grenze für geringwertige Wirtschaftsgüter 800 €. Seit dem Veranlagungszeitraum 2018 bestehen folgende (Wahl-)Möglichkeiten:
> *   Aufnahme in einen sog. Sammelposten (§ 6 Abs. 2a Satz 1 EStG), da Anschaffungskosten zwischen 250 € und 1.000 €. Dieser ist beginnend mit dem Wirtschaftsjahr der Bildung (17) und in den folgenden vier Wirtschaftsjahren linear aufzulösen (§ 6 Abs. 2a Satz 2 EStG).

- Abschreibungsmöglichkeit nach § 7 Abs. 1 EStG.
- Sofortabschreibung nach § 6 Abs. 2 S. 1 EStG, da die Anschaffungskosten 800 € nicht übersteigen.

Das Futter ist als laufende Betriebsausgabe (§ 4 Abs. 4 EStG) zu verbuchen.

Sachverhalt 2

1. Stellungnahme

Einkommensteuerliche Betrachtung

Die Eigentumswohnung besteht aus insgesamt vier Wirtschaftsgütern, R 4.2 Abs. 4 Satz 1 EStR:

- der eigenbetrieblich genutzte Gebäudeteil (Lagerraum),
- und der dazugehörige Grund und Boden,
- sowie der zu eigenen Wohnzwecken genutzte Gebäudeteil (Privatvermögen),
- und der dazugehörende Grund und Boden (Privatvermögen).

Der als Lagerraum genutzte Gebäudeteil wird ausschließlich betrieblich genutzt und stellt daher notwendiges Betriebsvermögen dar, R 4.2 Abs. 7 Satz 1 EStR. Der anteilige Grund und Boden teilt dessen Schicksal, R 4.2 Abs. 7 Satz 2 EStR. Ein Fall des § 8 EStDV liegt nicht vor. Die Aufteilung der Anschaffungskosten erfolgt nach R 4.2 Abs. 6 Satz 1 und 2 EStR nach dem Nutzflächenverhältnis.

Die Bilanzansätze zum 31.12.02 entwickeln sich wie folgt:

Ansatz Grund und Bodenanteil

Der anteilige Grund und Boden gehört zum nicht abnutzbaren Anlagevermögen und ist gem. § 6 Abs. 1 Nr. 2 Satz 1 EStG mit den anteiligen Anschaffungskosten zu aktivieren: 240.000 € × 15 % = 36.000 € × 10 % = 3.600 €.

Ansatz Gebäudeteil

Der Gebäudeteil gehört zum abnutzbaren Anlagevermögen und ist gem. § 6 Abs. 1 Nr. 1 Satz 1 EStG mit den anteiligen Anschaffungskosten abzüglich der AfA zu aktivieren: 240.000 € × 85 % = 204.000 € × 10 % = 20.400 €.

Die AfA ist nach § 7 Abs. 5a i.V.m. § 7 Abs. 4 Satz 1 Nr. 1 EStG mit 3 % anzusetzen = 612 €.

Betriebsausgaben

Die anteiligen Kosten für den Lagerraum sind in voller Höhe Betriebsausgaben gem. § 4 Abs. 4 EStG. Der Lagerraum stellt kein häusliches Arbeitszimmer i.S.d. § 4 Abs. 5 Satz 1 Nr. 6b EStG dar, weil er lediglich Lagerzwecken und nicht vorwiegend der Erledigung gedanklicher, schriftlicher, verwaltungstechnischer oder -organisatorischer Arbeiten dient, vgl. auch das BMF-Schreiben vom 02.03.2011, BStBl I 2011, 195, Rz. 3 und 5b) Spiegelstrich 3. Es liegen somit keine nicht abzugsfähigen Betriebsausgaben vor.

Danach ergibt sich folgender Betriebsausgabenabzug:

laufende anteilige Kosten ohne AfA	500 €
anteilige Gebäude-AfA	612 €
=	**1.112 €**

Umsatzsteuerliche Betrachtung

Umsatzsteuerliche Probleme ergeben sich nicht, da die Eigentumswohnung (zulässigerweise) nicht als Unternehmensvermögen behandelt wird, vgl. Abschnitt 15.2c Abs. 2 Satz 1 Nr. 2 Buchstabe b Satz 1 UStAE.

2. Richtige Buchungen und Gewinnkorrekturen

a) 01.01.02				
Grund und Boden	3.600 €			
Gebäude	20.400 €			
Privatentnahme	216.000 €	an	Bank	240.000 €
b) Laufende Kosten				
Grundstückskosten		an	Bank	500 €
c) 31.12.02				
AfA		an	Gebäude	612 €

Zu a):

	Richtiger Gewinn	~
./.	Gewinn lt. Steuerpflichtiger	~
	Gewinnkorrektur	~

Zu b):

	Richtiger Gewinn	./. 500 €
./.	Gewinn lt. Steuerpflichtiger	~
	Gewinnkorrektur	**./. 500 €**

Zu c):

	Richtiger Gewinn	./. 612 €
./.	Gewinn lt. Steuerpflichtiger	~
	Gewinnkorrektur	**./. 612 €**

Nutzungsänderung

Mit der Nutzungsänderung des Lagerraums ab dem 01.01.04 wird dieser aus dem Betriebsvermögen entnommen, § 4 Abs. 1 Satz 2 EStG. Der Raum wird nicht mehr betrieblich genutzt. Die auf Dauer geänderte Bestimmung der Nutzung stellt insoweit eine von einem Entnahmewillen getragene Handlung dar, welche die Aufdeckung der stillen Reserven des Gebäudeteils sowie des anteiligen Grund und Bodens zur Folge hat. Die Gegenstandsentnahme ist mit dem Teilwert anzusetzen, § 6 Abs. 1 Nr. 4 Satz 1 EStG.

Es ergeben sich zum 01.01.04 folgende Konsequenzen:

	Teilwert	**Buchwert**	**Stille Reserven**
Grund und Bodenanteil	3.750 €	3.600 €	150 €
Gebäudeanteil	21.250 €	19.176 €	2.074 €

Die Aufdeckung der stillen Reserven führt zu einem laufenden Gewinn, der ohne Tarifermäßigung der Einkommensteuer und auch der Gewerbesteuer unterliegt.

Umsatzsteuerliche Konsequenzen ergeben sich durch die Nutzungsänderung nicht, da die Grundstücksteile nicht als Unternehmensvermögen behandelt wurden und somit auch keine fiktive Lieferung nach § 3 Abs. 1b Satz 1 Nr. 1 UStG vorliegen kann.

Sachverhalt 3

Stellungnahme

Die Lieferung Malpappe gehört zum notwendigen Betriebsvermögen und ist als Umlaufvermögen mit den Anschaffungskosten zu aktivieren, § 6 Abs. 1 Nr. 2 Satz 1 EStG. Zu den Anschaffungskosten gehören nach § 255 Abs. 1 Satz 1 und 2 HGB der Kaufpreis und die Nebenkosten der Anschaffung (Paketservice). Nachträgliche Minderungen (Preisnachlass) sind zu berücksichtigen, § 255 Abs. 1 Satz 3 HGB. Die Anschaffungskosten ermitteln sich demnach wie folgt:

	Kaufpreis	1.500 €
+	Paketservice	100 €
./.	Preisnachlass	150 €
	Anschaffungskosten	**1.450 €**

Die nach § 15 UStG abzugsfähigen Vorsteuern gehören nicht zu den Anschaffungskosten, § 9b Abs. 1 EStG. Der Preisnachlass führt zu einer Minderung der Vorsteuer um 28,50 €, entsprechend § 17 Abs. 1 Satz 2 i.V.m. Satz 1 und Satz 7 UStG, da Kauf und Berichtigung im gleichen Voranmeldungszeitraum.

Der zum 31.12.02 durch Inventur ermittelte Lagerbestand ist mit den Anschaffungskosten anzusetzen:

Anschaffungskosten je kg: 1 450/10	145 €
Lagerbestand	6 Kg
Bilanzansatz = 6 kg × 145 €	**870 €**

Der Verkauf der Malpappe führt zu umsatzsteuerpflichtigen Betriebseinnahmen, § 4 Abs. 4 EStG i.U. und § 1 Abs. 1 Nr. 1 Satz 1 UStG.

Richtige Buchungen und Gewinnkorrekturen

Sämtliche Geschäftsvorfälle wurden richtig verbucht; eine Gewinnkorrektur ist daher nicht vorzunehmen.

3. Darstellung der Warenkonten

Soll	WEK		Haben
Lieferanten	1.500	Lieferanten	150
Bank	100	**G+V**	**1.450**
	1.600		1.600

Soll	WEK		Haben
G + V	800	Kasse	800
	800		800

Soll	WEK		Haben
AB	0	SBK	870
G + V	**870**		
	870		870

4. Rohgewinn

Warenerlöse (Saldo WVK)	
Wareneinsatz	800 €
(AB + Wareneingang [Saldo WEK] ./. WEB)	./. 580 €
Rohgewinn 02	**220 €**

Sachverhalt 4

1. In 01 und 02 ist – nach Vorgabe im Hinweisteil – die lineare AfA nach § 7 Abs. 1 Satz 1 und 2 EStG mit jeweils 33,3 % der Anschaffungskosten möglich. Für 01 ist die lineare AfA zeitanteilig ($^8/_{12}$) zu berechnen, § 7 Abs. 1 Satz 4 EStG.

2. Die Pkw-Kosten werden in voller Höhe als Aufwand verbucht, da der Pkw in vollem Umfang zum notwendigen Betriebsvermögen gehört (R 4.2 Abs. 1 Satz 4), § 4 Abs. 4 EStG.

3. **01**
   Die Privatfahrten (Nutzungsentnahme, § 4 Abs. 1 Satz 2 EStG) wie auch die Fahrten zwischen Wohnung und Betrieb (Nicht abzugsfähige Betriebsausgaben, § 4 Abs. 5 Nr. 6 EStG) führen zu Gewinnkorrekturen. Diese Korrektur muss im Wege der %-Methode durchgeführt werden, und zwar zum einen nach der 1 %-Methode für die Privatfahrten (§ 6 Abs. 1 Nr. 4 Satz 2 EStG) und zum anderen nach der 0,03 %-Methode für die Fahrten Wohnung-Betrieb (§ 4 Abs. 5 Satz 1 Nr. 6 Satz 3 1. Halbsatz EStG).
   02
   Die Gewinnkorrektur für die Privatfahrten ist nach der Fahrtenbuch-Methode durchzuführen, § 6 Abs. 1 Nr. 4 Satz 3 EStG. Die Gewinnkorrektur für die Fahrten zwischen Wohnung und Betrieb erfolgt nach § 4 Abs. 5 Satz 1 Nr. 6 Satz 3 2. Halbsatz EStG ebenfalls nach der Fahrtenbuch-Methode.

4. Es liegt eine Nutzungsänderung vor, durch die der zum Betriebsvermögen gehörende Pkw endgültig Privatvermögen wird. Es handelt sich um eine Gegenstandsentnahme nach § 4 Abs. 1 Satz 2 EStG, die mit dem Teilwert zu buchen ist, § 6 Abs. 1 Nr. 4 Satz 1 EStG. Dadurch kommt es zur Aufdeckung von stillen Reserven. Der Abzug von Betriebsausgaben ist ab dem 24.12.02 nicht mehr möglich.

5. Max kann alle Vorsteuern (bis 24.12.02) im Zusammenhang mit dem Pkw in vollem Umfang geltend machen, § 15 UStG. Die Privatnutzung ist als fiktive sonstige Leistung der Umsatzsteuer zu unterwerfen, § 3 Abs. 9a Nr. 1 UStG. Zur Ermittlung der Bemessungsgrundlage vgl. § 10 Abs. 4 Satz 1 Nr. 2 UStG i.V.m. Abschnitt 15.23 Abs. 5 UStAE. Durch die Nutzungsänderung im Dezember 02 tätigt Max eine steuerbare und steuerpflichtige fiktive Lieferung nach § 3 Abs. 1b Satz 1 Nr. 1 und Satz 2 UStG.

Sachverhalt 5

§ 140 AO leitet die steuerliche Buchführungspflicht aus anderen Gesetzen ab. In Betracht kommt hier das HGB. Nach § 238 Abs. 1 Satz 1 HGB ist jeder Kaufmann verpflichtet Bücher zu führen und in diesen seine Handelsgeschäfte und die Lage seines Vermögens nach den Grundsätzen ordnungsmäßiger Buchführung ersichtlich zu machen. Kaufmann ist, wer ein Handelsgewerbe betreibt, § 1 Abs. 1 HGB. Handelsgewerbe ist nach § 1 Abs. 2 HGB grundsätzlich jeder Gewerbebetrieb. Kleingewerbetreibende, deren Unternehmen nach Art oder Umfang einen in kaufmännischer Weise eingerichteten Geschäftsbetrieb nicht erfordert, haben kein Handelsgewerbe i.S.d. § 1 Abs. 2 HGB und werden als sog. Nichtkaufmann behandelt. Handelsrechtlich buchführungspflichtig ist damit der Kaufmann, der ein Handelsgewerbe gem. § 1 Abs. 2 HGB betreibt und sein Unternehmen nach Art oder Umfang einen in kaufmännischer Weise eingerichteten Geschäftsbetrieb erfordert. Anhaltspunkte für einen in kaufmännischer Weise eingerichteten Geschäftsbetrieb sind beispielsweise:

- ein hoher Umsatz,
- eine hohe Mitarbeiterzahl,
- die Aufbau- und Ablauforganisation des Geschäftsbetriebs.

Im vorliegenden Fall erfordert das Handelsgewerbe keinen in kaufmännischer Weise eingerichteten Geschäftsbetrieb, da:

- die Umsatzerlöse nur aus Barverkäufen resultieren und daher die Abrechnung des Warenverkaufs mit Hilfe von Kassenzetteln äußerst einfach ist,
- nur eine Aushilfskraft beschäftigt wird und
- die Umsatzhöhe sehr gering ist.

Handelsrechtlich ist Harry somit Nichtkaufmann und damit nach dem HGB nicht zur Buchführung verpflichtet. Da Harry handelsrechtlich nicht zur Buchführung verpflichtet ist, entfällt folglich auch die steuerrechtliche (derivative) Buchführungspflicht nach § 140 AO.

Für Nichtkaufleute kann sich allerdings aus § 141 Abs. 1 AO (originäre Buchführungspflicht) eine steuerrechtliche Pflicht zur Buchführung ergeben, wenn für den einzelnen Betrieb nach den Feststellungen der Finanzbehörde bestimmte Grenzen überschritten werden. Keine der maßgebenden Grenzen (Umsatz- und Gewinngrenze) wird im vorliegenden Fall überschritten, sodass sich auch hieraus keine Buchführungspflicht für Harry ergibt.

Die Auffassung des Finanzamts, dass Harry ab dem Jahr 03 zur Buchführung verpflichtet sei, war somit nicht richtig. Er kann weiter seinen Gewinn durch die § 4 Abs. 3-Rechnung ermitteln, es sei denn er möchte freiwillig Bücher führen.

Punktetabelle zur Prüfungsklausur aus dem Fach Buchführung und Bilanzwesen

	Punkte
Sachverhalt 1	
Meerschweinchen = notw. Betriebsvermögen	1
abnutzbares Anlagevermögen	2
§ 6 Abs. 1 Nr. 1 Satz 1	3
afrikanisches Meerschweinchen = GWG + 6 Abs. 2a Satz 4	4
oder AfA nach § 7 Abs. 1	5
tibetanisches Meerschweinchen: Sammelposten + § 6 Abs. 2a Satz 1	6
über 5 Jahre aufzulösen + § 6 Abs. 2a Satz 2	7
oder AfA nach § 7 Abs. 1	8
Futter = Betriebsausgabe + § 4 Abs. 4	9
Sachverhalt 2	
4 Wirtschaftsgüter + Begründung	10
Lagerraum + anteiliger Grund und Boden = notw. Betriebsvermögen	11
Ansatz Grund und Boden + § 6 Abs. 1 Nr. 2 Satz 1	12
240.000 × 15 % = 36.000 × 10 % = 3.600	13
Ansatz Lagerraum § 6 Abs. 1 Nr. 1 Satz 1 = 240.000 × 85 % = 204.000 × 10 % = 20.400	14
§ 7 Abs. 5a i.V.m. § 7 Abs. 4 Nr. 1	15
AfA = 20.400 × 3 % = 612	16
§ 4 Abs. 5 Nr. 6b nicht anwendbar	17
Begründung	18
BA: 500 + AfA 612 = 1 112	19
keine Umsatzsteuer-Probleme, da ETW kein Unternehmensvermögen	20
Grund und Boden 3.600/Gebäude 20.400/Privatentnahme 216.000 an BA 240.000	21
RG – GS – GK –	22

	Punkte
Grundstückskosten an Bank 500	23
RG ./. 500 GS – GK ./. 500	24
AfA an Gebäude 612	25
Keine nichtabzugsfähigen Betriebsausgaben (Arbeitszimmer), keine Buchung	26
RG ./. 612 GS – GK ./. 612	27
Nutzungsänderung = Betriebsvermögen -> Privatvermögen	28
Entnahme nach § 4 Abs. 1 Satz 2	29
Ansatz Teilwert nach § 6 Abs. 1 Nr. 4 Satz 1	30
Grund und Boden = Teilwert 3.750 Buchwert = 3.600 stille Reserven = 150	31
Arbeitszimmer = Teilwert 21.250 Buchwert = 19.176 stille Reserven = 2.074	32
Keine Umsatzsteuer-Probleme, da ETW kein Unternehmensvermögen, oder Ähnliches	33
Sachverhalt 3	
Malpappe = Umlaufvermögen	34
Anschaffungskosten nach § 255 Abs. 1 HGB	35
Kaufpreis 1.500 + Paketservice 100 ./. Preisnachlass 150 = 1.450	36
Vorsteuer keine Anschaffungskosten + § 9b Abs. 1	37
Preisnachlass mindert die Vorsteuer + § 17 Abs. 1 Satz 1, 2 und 7 UStG	38
Lagerbestand mit den Anschaffungskosten, § 6 Abs. 1 Nr. 2 Satz 1	39
Anschaffungskosten je Kg = 145 × 6 Kg = 870	40
Verkauf Malpappe = umsatzsteuerpflichtige Betriebseinnahme oder Ähnliches	41
Alles richtig verbucht, keine Gewinnkorrektur	42
Alles richtig verbucht, keine Gewinnkorrektur	43
Alles richtig verbucht, keine Gewinnkorrektur	44
Alles richtig verbucht, keine Gewinnkorrektur	45
Alles richtig verbucht, keine Gewinnkorrektur	46
Darstellung WEK mit Kontenruf	47
Darstellung WVK mit Kontenruf	48
Darstellung WBK mit Kontenruf	49
Warenerlöse = 800	50
Wareneinsatz = 580	51
Rohgewinn = 220	52
Sachverhalt 4	
1. lineare AfA nach § 7 Abs. 1 Satz 1 und 2 = 33,3 %	53

	Punkte
01 zeitanteilig + § 7 Abs. 1 Satz 4	**54**
2. Pkw-Kosten = Aufwand in voller Höhe	**55**
Begründung	**56**
3. 01 = Privatfahrten Gewinnkorrektur durch 1 %-Methode, § 6 Abs. 1 Nr. 4 Satz 2	**57**
02 = Gewinnkorrektur durch Fahrtenbuch-Methode, § 6 Abs. 1 Nr. 4 Satz 3	**58**
01 = Fahrten Wohnung -> Betrieb Gewinnkorrektur durch 0,03 %-Methode, § 4 Abs. 5 Nr. 6 Satz 3 1. Halbsatz	**59**
02 = Fahrten Wohnung -> Betrieb Gewinnkorrektur durch Fahrtenbuch-Methode, § 4 Abs. 5a Nr. 6 Satz 3 2. Halbsatz	**60**
4. Betriebsvermögen -> Privatvermögen = Gegenstandsentnahme	**61**
5. Alle Vorsteuern zu 100 %, § 15 UStG	**62**
Privatfahrten = fiktive sonstige Leistung nach § 3 Abs. 9a Nr. 1 UStG	**63**
Nutzungsänderung in 12/02 = fiktive Lieferung nach § 3 Abs. 1b Nr. 1 UStG	**64**
Sachverhalt 5	
§ 140 AO	**65**
§ 238 Abs. 1 HGB	**66**
Kaufmann + § 1 Abs. 1 HGB	**67**
Handelsgewerbe = Gewerbebetrieb + § 1 Abs. 2 HGB	**68**
Erkennen Nichtkaufmann	**69**
Begründung	**70**
Ergebnis: Keine Buchführungspflicht nach dem HGB	**71**
§ 141 AO	**72**
Keine der dort genannten Grenze überschritten	**73**
Ergebnis: Keine Buchführung nötig	**74**

Notentabelle		
Korrekturpunkte	**Punkte nach § 6 Abs. 1 StBAPO**	**Note**
74–71	15	1
70–67	14	
66–64	13	2
63–61	12	
60–57	11	
56–54	10	
53–50	9	3
49–47	8	

46–44	7	4
43–40	6	
39–37	5	
36–30	4	5
29–22	3	
21–15	2	
14–7	1	6
6–0	0	

Fall 11:

Übungsklausur aus dem Fach Umsatzsteuer

Themenkreis: Unternehmer, Rahmen des Unternehmens, Steuerbarkeit von Lieferungen und sonstigen Leistungen, Bemessungsgrundlage

Schwierigkeitsgrad: 1. Fachtheoretischer Ausbildungsabschnitt

Bearbeitungszeit: 2 Stunden

Hilfsmittel: Beck'sche Bände
  - Steuergesetze
  - Steuerrichtlinien

Hinweis! Diese Aufgabe besteht aus **drei** voneinander unabhängigen Sachverhalten, die Sie auch in beliebiger Reihenfolge bearbeiten können.

I.   Sachverhalt 1 mit Aufgaben

1. Im Rahmen seines Unternehmens kann ein Unternehmer drei verschiedene Arten von Geschäften ausführen.
   Nennen Sie die drei Geschäftsarten und entscheiden Sie auf welches Untertatbestandsmerkmal (im Hinblick auf gewerbliche oder berufliche Tätigkeit) für die Frage der Steuerbarkeit es bei zwei dieser drei Geschäfte **nicht** ankommt?

2. Warum ist die Umsatzsteuer eine indirekte Steuer?

3. Unternehmer B erwirbt von Unternehmer A Stoffe für 200 € zuzüglich Umsatzsteuer, die er zu Hosenrohlingen verarbeitet und an Unternehmer C für 300 € zuzüglich Umsatzsteuer verkauft. Unternehmer C stellt daraus verkaufsfertige Hosen her und liefert diese an Unternehmer D für 500 € zuzüglich Umsatzsteuer. Bei D wird der gesamte Warenbestand inklusive der Hosen durch einen Großbrand vernichtet.
   Wie viel Umsatzsteuer bleibt dem Finanzamt aus diesen Geschäftsvorfällen? Unterstellen Sie bei allen Unternehmern jeweils volle Vorsteuerabzugsberechtigung.

4. Was versteht man unter dem Begriff der Einheitstheorie und wo ist sie geregelt? Nennen Sie zwei konkrete Folgen dieser Einheitstheorie für die praktische Arbeit in den Finanzämtern.

5. Der selbständige Architekt Kai Plan ist zusammen mit dem Bauzeichner Blei Stift, der bei ihm im Angestelltenverhältnis arbeitet, mit jeweils 25 % an der Firma „Plan-Stift GmbH" mit Sitz in Neustadt an der Weinstraße beteiligt. Die GmbH handelt mit Software aus dem Baubereich.
   Da die beiden Gesellschafter kaum noch Zeit für ihre Familien haben, gründen deren Ehefrauen Julia und Sandra, die ebenfalls mit je 25 % an der GmbH beteiligt sind, eine Interessengemeinschaft für vernachlässigte Ehefrauen, die sie „KKK – Kess, Künstlerisch und Kreativ –" nennen. Ziel der Gemeinschaft ist es, Ehemänner wieder auf ihre Frauen aufmerksam zu machen. Hierzu werden regelmäßig Kurse abgehalten, auf denen Literatur, Kochrezepte, Gespräche und vieles mehr zu humanen Preisen angeboten werden. Die Veranstaltungen finden in den Kellerräumen eines in Edenkoben befindlichen Gebäudes statt, das Julia vor Jahren geerbt und im Übrigen zu Wohnzwecken vermietet hat. Für die Überlassung der Keller- und der Wohnräume verlangt sie jeweils die ortsübliche Miete.
   Stellen Sie fest, wer Unternehmer ist und bestimmen sie jeweils den Rahmen des Unternehmens.

II.   Sachverhalt 2

Dolla und Euro Schmitt wohnen in Recklinghausen in einem Gebäude, das sich im Eigentum von Euro befindet. Neben der gemeinsamen Wohnung befindet sich nur noch Dollas Architekturbüro im Gebäude, das Euro seiner geliebten Ehefrau mietfrei überlässt.

Euro ist Inhaber eines Handels mit Maschendrahtzäunen. Dazu hat er von France Gall ein Grundstück angemietet, auf dem früher eine Baustoff- und Mineralölfirma ihren Sitz hatte. Weil noch Tankanlagen vorhanden sind, hat Euro auf dem Grundstück auch eine private Tankstelle eröffnet. Durch Mund-zu-Mund-Propaganda hat er bereits einen beträchtlichen Kundenstamm.

Dolla ist auch Vorsitzende des „Recklinghauser Briefmarkenvereins e.V." Dieser Verein hat bei jedem Stadtfest (2–3 Mal im Jahr) einen Bratwurststand, um so Geld in die Vereinskasse zu bringen.

Zusammen mit ihrem Bruder hat Dolla den Metzgereibetrieb der Eltern in Duisburg übernommen. Die Metzgerei firmiert unter dem Namen „Ochsenprimel Fleischwaren OHG".

France Gall komponiert und textet Lieder. Mit einem ihrer Lieder war bereits ein bekannter (selbständiger) Interpret (Guildo Hohn), mit dem France schon öfter zusammenarbeitete, beim Grand Prix de la Chanson vertreten.

III. Aufgabe zu Sachverhalt 2
Bestimmen Sie alle im Sachverhalt genannten Unternehmer und den Rahmen des jeweiligen Unternehmens.

IV. Sachverhalt 3
1. Rama Zotti (Rama) ist Händler für Spirituosen in Illingen (Saarland). Als Sohn einer italienischen Mutter betrachtet er hochprozentige Spirituosen als „Lebenswasser". Im Dezember 01 bestellte der Kunde Al Kohol aus Hamburg 10 Kartons mit Obstler. Da zufällig eine größere Lieferung nach Dänemark bevorsteht, übergab Rama am 10.03.02 die 10 Kartons seinem angestellten Fahrer, der diese auf einem kleinen Umweg in Hamburg abliefern sollte. Am selben Tag erreichte Al Kohol per Fax folgende Rechnung:

10 Karton Obstler à 6 Flaschen	1.200 €
19 % MwSt	228 €
Zwischensumme	1.428 €
+ Frachtkosten	58 €
Rechnungsbetrag	**1.486 €**

2. Rama möchte in der Zukunft seinen Betrieb in das neue Industriegebiet von Saarbrücken verlegen. Um diese neue Investition finanzieren zu können, verkaufte er sein bisheriges Betriebsgrundstück in Illingen an den Grundstücksmakler Immo Bilie. Im notariellen Kaufvertrag vom 14.06.01 wurde vereinbart, dass Nutzen und Lasten am 30.06.01 auf Immo Bilie übergehen. Die Eintragung ins Grundbuch erfolgte aber erst im Januar 02. Der Kaufpreis lt. Kaufvertrag betrug 2.100.000 €. Dieser Kaufpreis wurde jedoch nur angegeben um „Steuern zu sparen". Tatsächlich zahlte Immo Bilie für den Erwerb des Grundstücks 2.500.000 € an Rama.
3. Für den Umzug eines Geschäftsnachbarn stellt Rama auf Anfrage einen seiner Lkw zur Verfügung. Rama verlangt hierfür lediglich eine Kostenpauschale von 100 €, die er bei solchen Gelegenheiten üblicher Weise berechnet und die seine tatsächlichen Aufwendungen großzügig deckt.
4. Im November veranlasst Rama eine Sonderabfüllung „Winzersekt" in 0,3 Liter-Flaschen. Guten Kunden legt er eine solche Flasche als Weihnachtsgeschenk den bestellten Waren hinzu.

V. Aufgabe zu Sachverhalt 3
Bestimmen Sie unter genauer Angabe der gesetzlichen Vorschriften:
• Umsatzart,
• Steuerbarkeit,
• Bemessungsgrundlage.

Bearbeitungshinweise zu Sachverhalt 3:
1. Unterstellen Sie, dass steuerbare Umsätze auch steuerpflichtig sind und einem Steuersatz von 19 % unterliegen.

2. Kommen Sie zu dem Schluss, der zu beurteilende Umsatz ist eine sonstige Leistung, unterstellen Sie, dass diese im Inland ausgeführt wurde.

3. Entscheiden Sie sich dafür, dass ein Umsatz nicht steuerbar ist, **prüfen** Sie trotzdem alle Tatbestandsmerkmale der Steuerbarkeit.

4. Auf den Umsatz mit dem dänischen Abnehmer (Geschäftsvorfall 1) ist **nicht** einzugehen.

5. Auf Ramas Unternehmereigenschaft ist **nicht** einzugehen.

VI. Lösungen
Sachverhalt 1

1. Die drei Arten von Geschäften sind: Grund-, Hilfs- und Nebengeschäfte. Im Rahmen der Hilfs- und Nebengeschäfte ist die Nachhaltigkeit nicht (nochmal) erforderliches Tatbestandsmerkmal für die Steuerbarkeit. Die Nachhaltigkeit muss lediglich bei den Grundgeschäften geprüft werden.

2. Weil nicht der Unternehmer als Steuerschuldner wirtschaftlicher Träger der Steuer ist. Der Unternehmer muss zwar die Umsatzsteuererklärungen beim Finanzamt abgeben und die Umsatzsteuer abführen, ist aber durch die Abwälzung der Umsatzsteuer auf den Endverbraucher nicht wirtschaftlich belastet. Der Endverbraucher zahlt die im Bruttopreis enthaltene Umsatzsteuer.

3. Entsprechend der Systematik des UStG (Vorsteuerabzug auf jeder Unternehmerebene) verbleibt dem Fiskus infolge des Warenuntergangs keine Umsatzsteuer, da die Ware nicht an den Endverbraucher geliefert werden konnte.

4. Ein Unternehmer kann immer nur ein Unternehmen haben (§ 2 Abs. 1 Satz 2 UStG) und erhält daher nur eine Steuernummer bei dem (für alle Unternehmensteile) zuständigen Finanzamt, § 21 Abs. 1 Satz 1 AO.

5. Aus dem Sachverhalt ergeben sich folgende Unternehmer mit dem entsprechenden Rahmen ihres Unternehmens:

Unternehmer	Rahmen des Unternehmens
Kai Plan	Architekturbüro
Plan-Stift GmbH	Softwarehandel
KKK Interessengemeinschaft	Kurse Verkauf von verschiedenen Artikeln
Julia	Vermietung des geerbten Gebäudes

Sachverhalt 2

Aus dem Sachverhalt ergeben sich folgende Unternehmer mit dem entsprechenden Rahmen ihres Unternehmens:

Unternehmer	Rahmen des Unternehmens
Dolla Schmitt	Architekturbüro
Euro Schmitt	Handel mit Maschendrahtzäunen Tankstelle
Briefmarkenverein	Bratwurststand am Stadtfest
Fleischwaren OHG	Metzgerei
France Gall	Grundstücksvermietung (an Euro) Komponieren und Texten von Liedern
Guildo Hohn	Sänger

Sachverhalt 3

1. Rama bewirkt gegenüber Al 10 Lieferungen i.S.d. § 3 Abs. 1 UStG; 1 Karton = 1 Gegenstand (vertretbare Sache). Die (bewegten) Lieferungen gelten in Illingen als ausgeführt, da dort die Beförderung durch den Lieferer beginnt, § 3 Abs. 6 Satz 1 und 2 UStG. Da die Lieferungen im Inland (§ 1 Abs. 2 Satz 1 UStG) gegen Entgelt ausgeführt werden, sind sie nach § 1 Abs. 1 Nr. 1 Satz 1 UStG steuerbar.
Bemessungsgrundlage ist das Entgelt, § 10 Abs. 1 Satz 1 UStG. Entgelt ist alles, was den Wert der Gegenleistung bildet, die der leistende Unternehmer vom Leistungsempfänger für die Leistung erhält, jedoch abzüglich der für diese Leistung gesetzlich geschuldeten Umsatzsteuer (§ 10 Abs. 1 Satz 2 UStG):

Gegenleistung	1.486,00 €
./. 19/119 Umsatzsteuer	237,26 €
Entgelt	**1.248,74 €**

   Achtung! Durch das „**Zweite Corona-Steuerhilfegesetz**" vom 29. Juni 2020 (BGBl I 2020, 1513) wird der Umsatzsteuersatz i.H.v. 19 % für den Zeitraum 1. Juli bis 31. Dezember 2020 auf 16 % gesenkt (§ 28 Abs. 1 UStG). Dies hat im vorliegenden Fall die Folge, dass das Entgelt nunmehr 1.281,03 € und die Umsatzsteuer 204,97 € betragen würde.

2. Auch bei diesem Umsatzgeschäft handelt es sich um eine Lieferung nach § 3 Abs. 1 UStG. Diese (unbewegte) Lieferung wird ebenfalls in Illingen ausgeführt, da sich der Gegenstand dort bei Verschaffung der Verfügungsmacht befand, § 3 Abs. 7 Satz 1 UStG. Da die Lieferung im Inland gegen Entgelt erfolgte, ist sie auch steuerbar. Bemessungsgrundlage nach § 10 Abs. 1 Satz 1 und 2 UStG:

Gegenleistung	2.500.000,00 €
./. 19/119 Umsatzsteuer	399.160,00 €
Entgelt	**2.100.840,00 €**

3. Gegenüber seinen Nachbarn erbringt Rama eine sonstige Leistung nach § 3 Abs. 9 Satz 1 und 2 UStG. Die Leistung erfolgt im Rahmen seines Unternehmens, denn er stellt seinen zum Unternehmen gehörenden Lkw öfters anderen Personen zur Verfügung („üblicher Weise"). Da die sonstige Leistung im Inland erfolgt, ist sie nach § 1 Abs. 1 Nr. 1 Satz 1 UStG steuerbar. Bemessungsgrundlage nach § 10 Abs. 1 Satz 1 und 2 UStG:

Gegenleistung	100,00 €
./. 19/119 Umsatzsteuer	15,97 €
Entgelt	**84,03 €**

4. Die Weihnachtsgeschenke werden geliefert, da Rama den Abnehmern Verfügungsmacht an den 0,3 Literflaschen verschafft (§ 3 Abs. 1 UStG). Die Lieferungen erfolgen im Rahmen des Unternehmens, denn diese Lieferungen werden werbewirksam eingesetzt. Ort der Lieferungen ist nach § 3 Abs. 6 Satz 1 UStG Illingen. Die Lieferungen erfolgen somit im Inland, jedoch ohne Entgelt. Die Umsätze sind somit nach § 1 Abs. 1 Nr. 1 Satz 1 UStG nicht steuerbar.

   Hinweis! Zu prüfen wäre aber, ob eine fiktive Lieferung nach § 3 Abs. 1b Satz 1 Nr. 3 UStG vorliegen könnte, was aber aufgrund des geringen Wertes einer Flasche wohl zu verneinen sein dürfte, vgl. Abschnitt 3.3 Abs. 11 UStAE.

Punktetabelle zur Übungsklausur aus dem Fach Umsatzsteuer

	Punkte
Sachverhalt 1	
Grundgeschäft	1

	Punkte
Hilfsgeschäft	2
Nebengeschäft	3
Nachhaltigkeit	4
Begründung zur indirekten Steuer	5
Begründung zur indirekten Steuer	6
Umsatzsteuer = 0	7
Begründung	8
Begründung	9
Ein Unternehmer = ein Unternehmen	10
§ 2 Abs. 1 Satz 2	11
Eine Steuernummer	12
Ein zuständiges Finanzamt	13
Kai + Architekturbüro	14
GmbH + Softwarehandel	15
KKK + Kurse, Verkauf von Artikeln	16
Julia + Vermietung	17
Sachverhalt 2	
Dolla + Architektenbüro	18
Euro + Handel mit Maschendrahtzäunen	19
Und Tankstelle	20
Briefmarkenverein + Bratwurststand	21
Fleischwaren OHG + Metzgerei	22
France + Vermietung des Grundstücks	23
Und Komponieren sowie Texten	24
Guildo + Sänger	25
Sachverhalt 3	
10 Lieferungen + § 3 Abs. 1	26
Illingen + § 3 Abs. 6 Satz 1	27
Inland + § 1 Abs. 2	28
Steuerbar + § 1 Abs. 1 Nr. 1	29
Entgelt + § 10 Abs. 1	30
Folgerichtige Bemessungsgrundlage	31
Illingen + § 3 Abs. 7 Satz 1	32
Steuerbarkeit	33

	Punkte
Folgerichtige Bemessungsgrundlage	34
sonstige Leistung, § 3 Abs. 9 Satz 1 und 2	35
steuerbar + Begründung	36
Folgerichtige Bemessungsgrundlage	37
Lieferungen	38
Im Rahmen des Unternehmens oder Ähnliches	39
Ort der Lieferungen ist Illingen	40
nicht steuerbar	41
da kein Entgelt	42

Notentabelle		
Korrekturpunkte	**Punkte nach § 6 Abs. 1 StBAPO**	**Note**
42–40	15	1
39–38	14	
37–36	13	2
35–34	12	
33–32	11	
31	10	3
30–29	9	
28–27	8	
26–25	7	4
24–23	6	
22–21	5	
20–17	4	5
16–13	3	
12–8	2	
7–4	1	6
3–0	0	

Fall 12:

Prüfungsklausur aus dem Fach Umsatzsteuer

Themenkreis: Umsatzarten, Steuerbarkeit, Steuerpflicht, Bemessungsgrundlage, Änderung der Bemessungsgrundlage nach § 17 UStG, Vorsteuern

Schwierigkeitsgrad: Laufbahnprüfung

Bearbeitungszeit: 3 Stunden

Hilfsmittel: Beck'sche Bände
- Steuergesetze
- Steuerrichtlinien

I.   Bearbeitungshinweise

1. Die Prüfungsaufgabe besteht aus **zwei** voneinander unabhängig zu bearbeitenden Sachverhalten, die Sie auch in beliebiger Reihenfolge bearbeiten können.
2. Die nachfolgenden Unternehmer sind Regelversteuerer nach vereinbarten Entgelten, haben eine Umsatzsteuer-Identifikationsnummer und geben monatliche Umsatzsteuer-Voranmeldungen ab.
3. Gehen Sie davon aus, dass:
   - Leistungen von anderen regelversteuernden Unternehmern ausgeführt werden, die ebenfalls Umsatzsteuer-Identifikationsnummern haben,
   - ordnungsgemäße Rechnungen vorliegen und
   - soweit sich aus den Sachverhalten nichts anderes ergibt, unternehmerisch genutzte Gegenstände in vollem Umfang dem jeweiligen Unternehmen zugeordnet sind.
4. Buch und Belegnachweise sind – soweit erforderlich – vorhanden. Weisen Sie aber an der erforderlichen Stelle darauf hin.

II.   Sachverhalt 1

Der Unternehmer Adalbert Hiemens (AH) betreibt in Edenkoben in gemieteten Räumen einen Telefonladen. Im Jahre **01** ereigneten sich die folgenden Geschäftsvorfälle:

1. Am 10.05.01 ging auf AH's Girokonto bei der Kreissparkasse in Edenkoben ein Betrag von 808,50 € ein. Dabei handelte es sich um den Verkauf eines neuen Nakio Handys, welches AH am 01.04.01 mit auf die Cebit-Messe nach Hannover genommen hatte und für das er dort den Interessenten Lalle Sappelhans (LS) aus München gefunden hatte. Der Privatmann LS hatte das Handy zunächst nur gemietet, dann aber so großen Gefallen daran gefunden, dass er es käuflich erwerben wollte. Hierzu rief er AH am 30.04.01 in Edenkoben an, teilte ihm seinen Wunsch mit und bat um eine entsprechende Rechnung. Erfreut stellte AH daraufhin folgende Rechnung:

Position 1	Handy Nakio 0815 Messepreis	700,00 €
	Umsatzsteuer 7 %	49,00 €
Position 2	Miete Handy für einen Monat	50,00 €
	Umsatzsteuer 19 %	9,50 €
Rechnungsbetrag		**808,50 €**

2. Als AH Anfang März 01 seine betriebliche Telefonabrechnung für den Monat Februar 01 bekam, stellte er an Hand des Einzelgesprächsnachweises fest, dass 40 % der Gespräche während der Geschäftszeit von seiner Tochter Magda geführt worden waren. Als großzügiger Vater hatte ihr AH die Telefonate in diesem Monat ausnahmsweise erlaubt. Neben der monatlichen Grundgebühr von brutto 30,00 € waren Gesprächsgebühren in Höhe von brutto 200,00 € angefallen.

Die komplette Telefonanlage hatte AH erst im Januar 00 aus Frankreich beim Besuch eines Geschäftspartners für 1.392 € bezogen. AH schreibt die betriebliche Anlage linear (§ 7 Abs. 1 EStG) ab. Das

Finanzamt teilte ihm auf Anfrage mit, dass die angenommene Nutzungsdauer sechs Jahre beträgt. Zum 01. April 01 schenkte AH die gesamte Telefonanlage, die zu diesem Zeitpunkt noch einen Buchwert von 928 € hatte, seiner Tochter zum Geburtstag. Da diese technisch überfordert war, beauftragte AH seinen angestellten Mitarbeiter mit der Installation der Anlage im Zimmer der Tochter in der Wochenendwohnung in Landau, damit sie dort an den Wochenenden ungestört telefonieren kann.

Einem Kunden hätte AH für eine solche Installation 250 € zusätzlich berechnet, weil diese bei vergleichbaren Geschäften nicht im Lieferumfang der Telefonanlage enthalten wäre. Den angefallenen Lohn in Höhe von 80 € buchte AH genau wie das benötigte Kleinmaterial von 22,50 € (netto) über das Konto „sonstige Aufwendungen". Vergleichbare Telefonanlagen sah die Tochter kurz darauf in zwei Telefonläden in Landau für 800 €.

III.   Aufgabe zu Sachverhalt 1

Nehmen Sie Stellung zu **allen** umsatzsteuerlich bedeutsamen Vorfällen des Unternehmers AH. Gehen Sie, soweit erforderlich, auf die folgenden Punkte ein:
* Umsatzart,
* Steuerbarkeit,
* Steuerpflicht,
* Bemessungsgrundlage für jeden einzelnen Umsatz (keine Zusammenfassung) und
* Höhe der Umsatzsteuer.

IV.   Sachverhalt 2

Nach erfolgreichem Abschluss seines Studiums eröffnete der Tierarzt Dr. Ani Mal (Ani) am 01.05.01 eine Tierarztpraxis in Edenkoben. Die Praxisräume, die sich in der Bahnhofstraße befinden, hatte Ani bereits ab 01.03.01 angemietet und mit einem Hinweisschild auf die baldige Eröffnung hingewiesen.

Im Jahre **01** ereigneten sich die folgenden Geschäftsvorfälle:

1. Am 10.08.01 erhielt Ani einen Scheck über 500 € von der in Paris ansässigen Schilder- und Stempelfabrik Designé Royal. Es handelte sich dabei um eine Gutschrift für sein Praxisschild aus lackiertem Hochglanzmessing, auf dem wegen eines Verständigungsproblems bei der Auftragsannahme sein Vorname lediglich, wie nachfolgend abgebildet, abgekürzt dargestellt wurde.

Tierarztpraxis Dr. vet. A. Nimal

Facharzt für Klein-, Haus- und Nutztiere

Öffnungszeiten:
Montags bis Freitags 9–12 und 14–19 Uhr
Samstags 9–12 Uhr
und nach Vereinbarung

Ani hatte das Schild rechtzeitig am 29.04.01 erhalten. Die Rechnung erhielt er erst im Juli 01. Den Rechnungsbetrag in Höhe von 900 € hatte er bereits bei Auftragserteilung im März 01 in voller Höhe vorauszahlen müssen, weil er ein noch unbekannter Kunde war. Aufgrund seiner Mängelrüge wurden ihm nun kulanterweise 500 € erstattet.

2. Anfang Oktober 01 erwarb Ani von einem Edenkobener Autohaus einen Pkw-Kombi für 20.000 € zuzüglich Umsatzsteuer für sein Unternehmen. Da er trotz intensiver Bemühungen mit dem Wagen im Gelände nicht so gut zurecht kam, bestellte er noch im November 01 einen Geländewagen. Für den Kombi fand er über das Internet einen Käufer in der Schweiz. Am 01.12.01 überführte er den Kombi eigenhändig zum Abnehmer. Immerhin erhielt er noch 18.000 € dafür. Da der Geländewagen Lieferfrist bis Januar 02 hatte, benutze Ani vorübergehend ein zu günstigen Konditionen gemietetes Fahrzeug. Die Kosten hierfür buchte er auf das Erfolgskonto „Mietaufwand". Ani nutzte im Jahr 01 beide Fahrzeuge ausschließlich für seine Tierarztpraxis.

3. Am 10.07.01 brachte ein kleiner Junge seinen vergifteten Hund namens Bello in die Tierarztpraxis. Bello hat beim Herumstreunen in den Edenkobener Weinbergen Weinbeeren gefressen und sich eine Weintraubenvergiftung zugezogen. Ani versorgte das Tier fachgerecht. Der kleine Junge freute sich riesig, als Ani ihm mitteilte, dass die Behandlung nichts koste. Er hatte nämlich bereits im Januar 01 aufgrund einer Vereinbarung mit der Winzergenossenschaft Edenkoben einen Weintraubenvergiftungs-Behandlungspauschbetrag für vergiftete Hunde in Höhe von 500 € erhalten.

V. Aufgabe zu Sachverhalt 2

Nehmen Sie Stellung zu **allen** umsatzsteuerlich bedeutsamen Vorfällen des Unternehmers Ani Mal. Gehen Sie, soweit erforderlich, auf die folgenden Punkte ein:

- Umsatzart,
- Steuerbarkeit,
- Steuerpflicht,
- Bemessungsgrundlage für jeden einzelnen Umsatz (keine Zusammenfassung),
- Höhe der Umsatzsteuer,
- Entstehung der Umsatzsteuer und
- Vorsteuerabzug, wobei dieser im höchst möglichen Umfang erfolgen soll.

VI. Lösungen
Sachverhalt 1

1. Das Verbringen des Handys zur Messe ist zunächst ein rechtsgeschäftsloses Verbringen. Bei der anschließenden Vermietung liegt eine sonstige Leistung nach § 3 Abs. 9 Satz 1 und 2 UStG vor. Der Ort dieses Umsatzes ist unter Anwendung des § 3a Abs. 1 Satz 1 UStG Edenkoben. Da das Tatbestandsmerkmal Inland im Sinne von § 1 Abs. 2 Satz 1 UStG und auch die restlichen Tatbestandsmerkmale des § 1 Abs. 1 Nr. 1 Satz 1 UStG erfüllt sind, ist die Steuerbarkeit gegeben. Eine Steuerbefreiung nach § 4 UStG kommt nicht in Betracht. Bemessungsgrundlage ist das Entgelt, § 10 Abs. 1 Satz 1 UStG. Entgelt ist alles, was den Wert der Gegenleistung bildet, die der leistende Unternehmer vom Leistungsempfänger für die Leistung erhält, jedoch abzüglich der für diese Leistung gesetzlich geschuldeten Umsatzsteuer i.H.v. 19 % nach § 12 Abs. 1 UStG (§ 10 Abs. 1 Satz 2 UStG):

Gegenleistung	59,50 €
./. 19/119 Umsatzsteuer	9,50 €
Bemessungsgrundlage	**50,00 €**

Achtung! Durch das „Zweite Corona-Steuerhilfegesetz" vom 29. Juni 2020 (BGBl I 2020, 1513) wird der Umsatzsteuersatz i.H.v. 19 % für den Zeitraum 1. Juli bis 31. Dezember 2020 auf 16 % gesenkt (§ 28 Abs. 1 UStG). Dies hat im vorliegenden Fall die Folge, dass das Entgelt nunmehr 51,29 € und die Umsatzsteuer 8,21 € betragen würde.

Bei dem anschließenden Verkauf des Handys handelt es sich um eine Lieferung nach § 3 Abs. 1 UStG von AH an LS in Form einer unbewegten Lieferung. Die Verfügungsmacht wird hier durch Eigentumsübertragung im Wege der schlichten Einigung (§ 929 Satz 2 BGB) verschafft. Der Lieferort bestimmt sich nach § 3 Abs. 7 Satz 1 UStG und ist dort, wo sich der Gegenstand zur Zeit der Verschaffung der Verfügungsmacht befand, nämlich in München. Damit ist der Ort der Lieferung ebenfalls im Inland. Da die auch hier die übrigen Tatbestandsmerkmale des § 1 Abs. 1 Nr. 1 Satz 1 UStG erfüllt sind, ist die Lieferung steuerbar. Eine Steuerbefreiung nach § 4 UStG scheidet aus. Bemessungsgrundlage ist das Entgelt, § 10 Abs. 1 Satz 1 UStG. Entgelt ist alles, was den Wert der Gegenleistung bildet, die der leistende Unternehmer vom Leistungsempfänger für die Leistung erhält, jedoch abzüglich der für diese Leistung gesetzlich geschuldeten Umsatzsteuer i.H.v. 19 % nach § 12 Abs. 1 UStG (§ 10 Abs. 1 Satz 2 UStG). Dass AH die Umsatzsteuer mit dem falschen – zu niedrigen – Steuersatz ausgewiesen hat, ist für die Berechnung ohne Bedeutung. Die falsche Berechnung der Steuer geht letztlich auf seine Kosten, vgl. Abschnitt 14c.1 Abs. 9 UStAE.

Gegenleistung	749,00 €
./. 19/119 Umsatzsteuer	119,59 €
Bemessungsgrundlage	**629,41 €**

Achtung! Durch das **„Zweite Corona-Steuerhilfegesetz"** vom 29. Juni 2020 (BGBl I 2020, 1513) wird der Umsatzsteuersatz i.H.v. 19 % für den Zeitraum 1. Juli bis 31. Dezember 2020 auf 16 % gesenkt (§ 28 Abs. 1 UStG). Dies hat im vorliegenden Fall die Folge, dass das Entgelt nunmehr 645,69 € und die Umsatzsteuer 103,31 € betragen würde.

2. Der Erwerb der Telefonanlage aus Frankreich stellt einen innergemeinschaftlichen Erwerb dar. Der Liefergegenstand gelangt aus dem Gebiet eines Mitgliedstaates, hier Frankreich, in das Gebiet eines anderen Mitgliedstaates nämlich Deutschland. Die Voraussetzungen des § 1a Abs. 1 Nr. 1, Nr. 2a) sowie Nr. 3a) und 3b) UStG sind erfüllt. Der Ort dieses Umsatzes ist nach § 3d Satz 1 UStG in Deutschland (Edenkoben). Da der Umsatz auch gegen Entgelt erfolgt ist, sind die Tatbestandsmerkmale der Steuerbarkeit nach § 1 Abs. 1 Nr. 5 UStG erfüllt. Eine Steuerbefreiung nach § 4b UStG scheidet aus. Die Bemessungsgrundlage richtet sich nach § 10 Abs. 1 Satz 1 und 2 UStG und ist im vorliegenden Fall mit dem Rechnungsendbetrag von 1.392 € identisch. Beim Steuersatz von 19 % beträgt die Umsatzsteuer 264,48 €, § 12 Abs. 1 UStG.

Die außerunternehmerische Nutzung der betrieblichen Telefonanlage durch die Tochter stellt einen Vorgang dar, der einer sonstigen Leistung gegen Entgelt nach § 3 Abs. 9a Nr. 1 UStG entspricht (fiktive sonstige Leistung), weil der Gegenstand nach § 15 Abs. 1 Satz 1 Nr. 3 UStG zum Vorsteuerabzug berechtigt hat. Ort dieser sonstigen Leistung ist nach § 3a Abs. 1 Satz 1 UStG das Unternehmen von AH in Edenkoben und damit Inland im Sinne von § 1 Abs. 2 Satz 1 UStG. Die Steuerbarkeit dieses Umsatzes ist somit nach § 1 Abs. 1 Nr. 1 Satz 1 UStG zu bejahen. Eine Steuerbefreiung kommt nach Negativabgrenzung von § 4 UStG nicht in Betracht. Der Umsatz wird nach § 10 Abs. 4 Satz 1 Nr. 2 UStG nach den bei der Ausführung entstandenen Ausgaben, die zum Vorsteuerabzug berechtigt haben (hier „AfA"), bemessen. Berechnung, § 10 Abs. 4 Satz 1 Nr. 2 Satz 2 und 3 UStG:

Anschaffungskosten	1.392,00 €
Verteilt auf 5 Jahre (§ 15a Abs. 1 Satz 1 UStG), auf März 01 entfallen $\frac{1}{60}$	23,20 €
Privatanteil 40 %	9,28 €
Umsatzsteuer 19 %	**1,76 €**

Achtung! Durch das **„Zweite Corona-Steuerhilfegesetz"** vom 29. Juni 2020 (BGBl I 2020, 1513) wird der Umsatzsteuersatz i.H.v. 19 % für den Zeitraum 1. Juli bis 31. Dezember 2020 auf 16 % gesenkt (§ 28 Abs. 1 UStG). Dies hat im vorliegenden Fall die Folge, dass die Umsatzsteuer 1,48 € betragen würde.

> **Hinweis!** Kosten für Grund- und Gesprächsgebühren gehen nicht in die Bemessungsgrundlage ein. Nach Abschnitt 3.4 Abs. 4 und Abschnitt 15.2c Abs. 2 Satz 1 Nr. 1 Satz 2 UStAE ist die darauf entfallene Vorsteuer zu 40 % nach § 15 Abs. 1 Satz 1 Nr. 1 Satz 1 UStG nicht abziehbar, da insoweit diese aufteilbaren sonstige Leistungen nicht für das Unternehmen bezogen werden.

Das Geschenk an die Tochter in Form der Telefonanlage ist eine Entnahme von AH für Zwecke außerhalb seines Unternehmens und damit eine gegen Entgelt gleichgestellte Lieferung nach § 3 Abs. 1b Satz 1 Nr. 1 UStG (fiktive Lieferung). Da die Telefonanlage auch zum Vorsteuerabzug berechtigt hat, ist auch die Voraussetzung des § 3 Abs. 1b Satz 2 UStG erfüllt. Der Ort dieser Lieferung ist nach § 3 Abs. 6 Satz 1 und 2 UStG Edenkoben. Neben der Steuerbarkeit nach § 1 Abs. 1 Nr. 1 Satz 1 UStG ist die Steuerpflicht mangels Befreiung gegeben. Der Umsatz wird nach § 10 Abs. 4 Satz 1 Nr. 1 UStG nach den Wiederbeschaffungskosten bemessen, die mit dem Marktwert von 800 € angenommen werden können. Die Umsatzsteuer gehört nach § 10 Abs. 4 Satz 2 UStG nicht dazu. Beim Regelsteuersatz beträgt die Umsatzsteuer für diesen Umsatz 19/119 = 127,73 €, die Bemessungsgrundlage entspricht damit 672,27 €.

Die Installation der Telefonanlage durch den angestellten Mitarbeiter ist eine fiktive sonstige (Werk-) Leistung im Sinne von § 3 Abs. 9a Nr. 2 UStG, die nach § 3a Abs. 1 Satz 1 UStG am Unternehmenssitz in Edenkoben als ausgeführt gilt. Neben Steuerbarkeit ist die Steuerpflicht mangels Befreiung gegeben. Dieser Umsatz wird nach § 10 Abs. 4 Satz 1 Nr. 3 UStG unabhängig von einem Vorsteuerabzug nach den bei Ausführung entstandenen Kosten bemessen.

Berechnung

Lohnkosten	80,00 €
Kleinmaterial	22,50 €
Bemessungsgrundlage	**102,50 €**
x 19 % Umsatzsteuer	**19,47 €**

Achtung! Durch das „**Zweite Corona-Steuerhilfegesetz**" vom 29. Juni 2020 (BGBl I 2020, 1513) wird der Umsatzsteuersatz i.H.v. 19 % für den Zeitraum 1. Juli bis 31. Dezember 2020 auf 16 % gesenkt (§ 28 Abs. 1 UStG). Dies hat im vorliegenden Fall die Folge, dass die Umsatzsteuer 16,40 € betragen würde.

Sachverhalt 2

1. Durch die Lieferung des Praxisschildes liegt bei Ani ein innergemeinschaftlicher Erwerb vor, § 1a Abs. 1 Nr. 1 UStG. Der Liefergegenstand gelangt aus dem Gebiet eines Mitgliedstaates, hier Frankreich, in das Gebiet eines anderen Mitgliedstaates nämlich Deutschland. Die weiteren Voraussetzungen nach § 1a Abs. 1 Nr. 2a) UStG: Ani ist ein Unternehmer, der den Gegenstand für sein Unternehmen erwirbt und § 1a Abs. 1 Nr. 3a) und b) UStG sind erfüllt: Die Lieferung an Ani wird durch einen (anderen) Unternehmer, der kein Kleinunternehmer ist, gegen Entgelt im Rahmen dessen Unternehmens ausgeführt. Nach § 3d Satz 1 UStG wird dieser Umsatz in Deutschland (Edenkoben) und damit im Inland nach § 1 Abs. 2 Satz 1 UStG ausgeführt. Die Voraussetzungen der Steuerbarkeit nach § 1 Abs. 1 Nr. 5 UStG sind damit alle gegeben. Der innergemeinschaftliche Erwerb wird im Inland und gegen Entgelt ausgeführt. Eine Steuerbefreiung nach § 4b UStG kommt nicht in Betracht. Bemessungsgrundlage dieses steuerpflichtigen Umsatzes ist das Entgelt nach § 10 Abs. 1 Satz 1 und Satz 2 UStG. Im vorliegenden Fall ist die Bemessungsgrundlage mit dem Kaufpreis identisch und beträgt 900 €. Die Umsatzsteuer beträgt demnach: 900 € × 19 % = 171 €.

   Achtung! Durch das „**Zweite Corona-Steuerhilfegesetz**" vom 29. Juni 2020 (BGBl I 2020, 1513) wird der Umsatzsteuersatz i.H.v. 19 % für den Zeitraum 1. Juli bis 31. Dezember 2020 auf 16 % gesenkt (§ 28 Abs. 1 UStG). Dies hat im vorliegenden Fall die Folge, dass die Umsatzsteuer 144 € betragen würde.

   Da dieser innergemeinschaftliche Erwerb am 29.04.01 erfolgte, Ani die Rechnung jedoch erst im Voranmeldungszeitraum Juli 01 erhielt, entsteht die Steuer nach § 13 Abs. 1 Nr. 6 UStG mit Ablauf des Erwerbfolgemonats, nämlich Mai 01. Ani hat das Entgelt für diesen Umsatz zwar in voller Höhe im Voranmeldungszeitraum März vorausgezahlt, eine Istversteuerung dieser Zahlung ist jedoch nicht vorzunehmen, da die entsprechende Vorschrift des § 13 Abs. 1 Nr. 1a) Satz 4 UStG nur Lieferungen und sonstige Leistungen erfasst.

   Der Betrag von 171 € ist nach § 15 Abs. 1 Satz 1 Nr. 3 i.V.m. § 16 Abs. 2 Satz 1 UStG als Vorsteuer im Voranmeldungszeitraum Mai zu berücksichtigen, Abschnitt 15.10 Abs. 3 UStAE. Ein Vorsteuerausschluss nach § 15 Abs. 2 Satz 1 Nr. 1 UStG liegt nicht vor, da die sonstigen Leistungen der Tierärzte nach § 4 Nr. 14a) Satz 1 UStG i.U. nicht von der Umsatzsteuer befreit sind. Die Rückerstattung des anteiligen Kaufpreises führt zu einer Änderung der Bemessungsgrundlage nach § 17 UStG und damit zu einer Berichtigung der Umsatzsteuer und gleichzeitig der Vorsteuer. Nach § 17 Abs. 1 Satz 5 UStG gelten nämlich die Ausführungen in § 17 Abs. 1 Satz 1 und 2 UStG im Fall des innergemeinschaftlichen Erwerbs sinngemäß. Nach § 17 Abs. 1 Satz 7 UStG sind die Berichtigungen i.H.v. 19 % von 500 € = 95 € im Voranmeldungszeitraum August vorzunehmen.

2. Die Inanspruchnahme der Vorsteuer aus der Anschaffung des Kombi im Voranmeldungszeitraum Oktober 01 (§ 16 Abs. 2 Satz 1 UStG) ist nach § 15 Abs. 1 Satz 1 Nr. 1 Satz 1 und 2 UStG zu 100 % möglich. Der

Vorsteuerabzug aus der Anschaffung des Pkw beträgt demnach 3.800 €. Ein Vorsteuerausschluss i.S.v. § 15 Abs. 2 UStG liegt nicht vor. Die Besteuerung einer privaten Nutzung als fiktive sonstige Leistung entfällt, da der Wagen ausschließlich unternehmerisch genutzt wurde.

Die Veräußerung des Fahrzeugs stellt eine Lieferung nach § 3 Abs. 1 UStG dar, die als klassisches Hilfsgeschäft im Rahmen des Unternehmens ausgeführt wird. Ort dieser Lieferung ist nach § 3 Abs. 6 Satz 1 und 2 UStG Edenkoben (Beginn der Beförderung). Diese nach § 1 Abs. 1 Nr. 1 Satz 1 UStG steuerbare Lieferung ist als Ausfuhrlieferung nach § 4 Nr. 1a) UStG steuerfrei, da die Voraussetzungen des § 6 Abs. 1 Nr. 1 UStG erfüllt sind. Der Liefergegenstand wird von Ani in die Schweiz, d.h. ins Drittlandsgebiet (§ 1 Abs. 2a Satz 3 UStG) befördert. Ausfuhr- und Buchnachweis wie in § 6 Abs. 4 UStG gefordert, liegen vor. Ein Fall des § 15a Abs. 1 i.V.m. Abs. 8 UStG liegt nicht vor, da diese steuerfreie Lieferung einen Vorsteuerabzug nicht (nachträglich) ausschließt, § 15 Abs. 3 Nr. 1a) i.V.m. Abs. 2 Satz 1 Nr. 1 UStG.

Aus den Mietaufwendungen für den gemieteten Wagen kann Ani ebenfalls 100 % Vorsteuer in Anspruch nehmen. Die Besteuerung einer privaten Nutzung als fiktive sonstige Leistung entfällt auch hier, da der Wagen ausschließlich unternehmerisch genutzt wurde.

3. Aufgrund der vertraglichen Grundlagen, sind zwei Umsätze zu betrachten. Ani erbringt gegenüber der Winzergenossenschaft eine sonstige Leistung nach § 3 Abs. 9 Satz 1 UStG, die darin besteht, dass Ani eine Art »Vorabhonorar« für zu erbringende Behandlungen erhält. Der Ort richtet sich nach § 3a Abs. 2 Satz 1 UStG. Es liegen alle Voraussetzungen der Steuerbarkeit nach § 1 Abs. 1 Nr. 1 Satz 1 UStG vor. Mangels Steuerbefreiung sind Tierarztleistungen steuerpflichtig, § 4 Nr. 14a) Satz 1 UStG i.U. Nach § 13 Abs. 1 Nr. 1a) Satz 4 UStG ist die Steuer mit Ablauf des Voranmeldungszeitraums Januar 01 beim Regelsteuersatz von 19 % mit 19/119 von 500 € = 79,83 € entstanden.

Achtung! Durch das „**Zweite Corona-Steuerhilfegesetz**" vom 29. Juni 2020 (BGBl I 2020, 1513) wird der Umsatzsteuersatz i.H.v. 19 % für den Zeitraum 1. Juli bis 31. Dezember 2020 auf 16 % gesenkt (§ 28 Abs. 1 UStG). Dies hat im vorliegenden Fall die Folge, dass die Umsatzsteuer 68,97 € betragen würde.

Die Behandlung von Bello ist zudem eine sonstige Leistung, die Ani an den kleinen Jungen erbringt. Der Ort richtet sich nach § 3a Abs. 3 Nr. 3 Buchst. c UStG und liegt in Edenkoben. Da die Behandlung unentgeltlich erfolgt, ist die Steuerbarkeit nach § 1 Abs. 1 Nr. 1 Satz 1 UStG zu verneinen.

Punktetabelle zur Prüfungsklausur aus dem Fach Umsatzsteuer

	Punkte
Sachverhalt 1	
Rechtsgeschäftsloses Verbringen	1
Vermietung = sonstige Leistung + § 3 Abs. 9 Satz 1 und 2	2
Ort Edenkoben + § 3a Abs. 1	3
Inland + § 1 Abs. 2 Satz 1	4
Steuerbar + § 1 Abs. 1 Nr. 1 und steuerpflichtig + § 4 negativ	5
§ 12 Abs. 1 Regelsteuersatz	6
§ 10 Abs. 1 Satz 1 und 2 = Entgelt	7
Folgerichtige Umsatzsteuer und Bemessungsgrundlage	8
Lieferung § 3 Abs. 1 (Handy an LS)	9
§ 3 Abs. 7 Satz 1 = München	10
Steuerbar § 1 Abs. 1 Nr. 1 und steuerpflichtig	11
19 %	12

	Punkte
Folgerichtige USt	13
Folgerichtige Bemessungsgrundlage	14
Innergemeinschaftlicher Erwerb	15
§ 1a Abs. 1 Nr. 1, Nr. 2a), Nr. 3a) + b)	16
§ 3d Satz 1 = Deutschland (Edenkoben)	17
§ 1 Abs. 1 Nr. 5 = steuerbar	18
keine Steuerbefreiung nach § 4b	19
Folgerichtige Bemessungsgrundlage und USt	20
Fiktive sonstige Leistung + § 3 Abs. 9a Nr. 1	21
Aussage zur Vorsteuerberechtigung	22
§ 3a Abs. 1 Satz 1 = Edenkoben	23
Steuerbar und steuerpflichtig	24
§ 10 Abs. 4 Nr. 2	25
Folgerichtige Bemessungsgrundlage	26
Folgerichtige Umsatzsteuer	27
Vorsteuer auf Grund- und Gesprächsgebühr -> Aussage	28
Lieferung + § 3 Abs. 1b Nr. 1	29
Aussage zur Vorsteuerberechtigung	30
§ 3 Abs. 6 Satz 1 und 2 = Edenkoben	31
Steuerbar und steuerpflichtig	32
§ 10 Abs. 4 Nr. 1	33
Wiederbeschaffungskosten	34
Folgerichtige Bemessungsgrundlage und Umsatzsteuer	35
Fiktive sonstige Leistung + § 3 Abs. 9a Nr. 2	36
§ 3a Abs. 1 Satz 1 = Edenkoben	37
Steuerbar und steuerpflichtig	38
§ 10 Abs. 4 Nr. 3	39
Folgerichtige Bemessungsgrundlage	40
Folgerichtige Umsatzsteuer	41
Sachverhalt 2	
Innergemeinschaftlicher Erwerb	42
Begründung	43
Ort = Deutschland (Edenkoben)	44
Inland + § 1 Abs. 2 Satz 1	45

	Punkte
§ 1 Abs. 1 Nr. 5 UStG = steuerbar, kein § 4b UStG also steuerpflichtig	46
Bemessungsgrundlage, § 10 Abs. 1 und Regelsteuersatz, § 12 Abs. 1	47
Folgerichtige Umsatzsteuer	48
§ 13 Abs. 1 Nr. 6 mit Ablauf Mai	49
Keine Anzahlungsversteuerung	50
Vorsteuer + § 15 Abs. 1 Nr. 3	51
Kein Vorsteuerausschluss nach § 15 Abs. 2 + Begründung	52
§ 16 Abs. 2 = Voranmeldungszeitraum Mai	53
Änderung der Bemessungsgrundlage + § 17 Abs. 1 Satz 5	54
Berichtigung von Umsatzsteuer und Vorsteuer	55
Folgerichtiger Betrag	56
§ 17 Abs. 1 Satz 7 = Voranmeldungszeitraum August	57
Vorsteuerabzug + § 15 Abs. 1 Nr. 1 Satz 1 und 2	58
Keine Besteuerung der privaten Nutzung + Begründung	59
Lieferung § 3 Abs. 1	60
Hilfsgeschäft	61
§ 3 Abs. 6 Satz 1 und 2 = Edenkoben	62
Steuerbar	63
Steuerfrei nach § 4 Nr. 1a	64
§ 6 Abs. 1 Nr. 1	65
Nachweise liegen vor + § 6 Abs. 4	66
Kein Fall des § 15a + § 15 Abs. 3 Nr. 1a)	67
100 % Vorsteuer aus Mietaufwendungen	68
Sonstige Leistung an Winzergenossenschaft + § 3 Abs. 9 Satz 1	69
§ 3a Abs. 2 = Edenkoben + steuerbar	70
Steuerpflichtig + § 4 Nr. 14a) Satz 1 i.U.	71
§ 13 Abs. 1 Nr. 1a) Satz 4 = 79,83 = mit Ablauf Januar	72
Behandlung Bello = § 3a Abs. 3 Nr. 3 Buchst. c	73
nicht steuerbar, da kein Entgelt	74

Notentabelle		
Korrekturpunkte	Punkte nach § 6 Abs. 1 StBAPO	Note
74–71	15	1
70–67	14	
66–64	13	2
63–61	12	
60–57	11	
56–54	10	3
53–50	9	
49–47	8	
46–44	7	4
43–40	6	
39–37	5	
36–30	4	5
29–22	3	
21–15	2	
14–7	1	6
6–0	0	

C. Mündliche Prüfung

I. Mündliche Prüfung aus dem Fach Einkommensteuer

Prüfer: Wir wollen uns zunächst über einige grundlegende Begriffe der Einkommensteuer unterhalten. Erklären Sie bitte den Begriff »persönliche Steuerpflicht«.

Schüler: Die persönliche Steuerpflicht ist in § 1 EStG geregelt. Danach ist grundsätzlich derjenige unbeschränkt steuerpflichtig, der in der Bundesrepublik Deutschland einen Wohnsitz oder seinen gewöhnlichen Aufenthalt hat.

Prüfer: Schön, gibt es denn daneben auch noch eine andere persönliche Steuerpflicht?

Schüler: Ja, z.B. die beschränkte Steuerpflicht.

Prüfer: Erläutern Sie dies bitte.

Schüler: Beschränkt steuerpflichtig sind Personen, die im Ausland ihren Wohnsitz haben.

Prüfer: Das würde also bedeuten, dass alle nicht in Deutschland lebenden Personen beschränkt steuerpflichtig wären?

Schüler: Natürlich nicht. Diese Personen sind nur dann beschränkt steuerpflichtig, wenn sie in Deutschland auch Einkünfte erzielen.

Prüfer: Nun gut. Kommen wir zum Begriff der sachlichen Steuerpflicht.

Schüler: Da muss ich überlegen. Vielleicht geht es um Kapitalgesellschaften, die ja keine natürlichen Personen sind und damit auch nicht sachlich der Einkommensteuer, sondern der Körperschaftsteuer unterliegen.

Prüfer: Denken Sie nach, die Körperschaftsteuer ist keine Einkommensteuer. Eine kleine Hilfe will ich Ihnen geben. Muss jede natürliche Person in Deutschland Einkommensteuer zahlen, nur weil sie unbeschränkt einkommensteuerpflichtig ist?

Schüler: Ach ja, jetzt weiß ich, auf was Sie hinaus wollen. Sie meinen den Umfang der Steuerpflicht.

Prüfer: Genau, führen Sie bitte aus.

Schüler: Also, im Rahmen der unbeschränkten Steuerpflicht unterliegen alle in § 2 Abs. 1 EStG genannten Einkünfte der Einkommensteuer, egal wo sie erzielt werden. Man nennt dies auch das sog. Welteinkommensprinzip. Im Rahmen der beschränkten Einkommensteuerpflicht hingegen werden nur die Einkünfte besteuert, die in Deutschland erzielt werden und die in § 49 EStG aufgezählt sind.

Prüfer: Nehmen wir an, ein in Saarbrücken lebender und dort auch praktizierender selbstständiger Arzt vermietet in Florida Ferienwohnungen. Sehen Sie hierbei ein Problem?

Schüler: Nun ja, der Arzt wäre zweimal steuerpflichtig, vorausgesetzt in Amerika würde das gleiche Steuersystem gelten wie hier.

Prüfer: Wie meinen Sie das?

Schüler: Da er in Saarbrücken lebt, ist er in Deutschland unbeschränkt einkommensteuerpflichtig und muss seine gesamten Einkünfte hier versteuern, also die freiberuflichen Einkünfte als Arzt wie auch die in

Florida erzielten Einkünfte aus Vermietung und Verpachtung. Aus amerikanischer Sicht wäre er beschränkt steuerpflichtig, weil er als Ausländer inländische Vermietungseinkünfte hat.

Prüfer: Wie nennt man diesen Effekt?

Schüler: Das wäre die sog. Doppelbesteuerung.

Prüfer: Der Arzt müsste also für die Vermietungseinkünfte zweimal Steuern zahlen?

Schüler: Grundsätzlich ja, es sei denn, es gäbe ein Doppelbesteuerungsabkommen mit Amerika. Dann könnte z.B. Amerika als Belegenheitsstaat die Steuern insoweit erheben und in Deutschland wären diese Einkünfte dann steuerfrei, die Doppelbesteuerung wäre damit beseitigt.

Prüfer: Sehr schön erläutert. Verlassen wir nun diesen Bereich. Können Sie mir einige Unterschiede zwischen den Gewinn- und den Überschusseinkunftsarten nennen?

Schüler: Ich denke da z.B. an die unterschiedlichen Ermittlungsmethoden. Während die Überschusseinkünfte immer nach dem Schema Einnahmen abzüglich der Werbungskosten berechnet werden, bieten sich im Rahmen der Gewinneinkunftsarten mehrere Möglichkeiten an.

Prüfer: Welche denn?

Schüler: Es gibt zum einen die Möglichkeit der Buchführung und zum anderen die vereinfachte Gewinnermittlung nach § 4 Abs. 3 EStG.

Prüfer: Können Sie das etwas präzisieren?

Schüler: Nun, wenn der Steuerpflichtige Bücher führt, muss er z.B. alle Geschäftsvorfälle zeitnah und vollständig verbuchen, eine Inventur durchführen und Bilanzen erstellen. Der »§ 4 Abs. 3-Rechner« hingegen muss lediglich seine Betriebseinnahmen und seine Betriebsausgaben aufzeichnen.

Prüfer: Aber dann wäre es doch für die Steuerpflichtigen immer einfacher, diese § 4 Abs. 3-EStG-Rechnung zu erstellen?

Schüler: Ja sicherlich.

Prüfer: Wieso gibt es dann Steuerpflichtige, die Bücher führen?

Schüler: Ich glaube, da bin ich jetzt überfragt.

Prüfer: Überlegen Sie, denken Sie an das HGB.

Schüler: Ach ja, jetzt fällt es mir wieder ein. Kaufleute sind ja buchführungspflichtig nach dem HGB.

Prüfer: Na sehen Sie, Sie wissen es doch. Gilt denn diese handelsrechtliche Buchführungspflicht auch für das Steuerrecht?

Schüler: Ja, über § 140 AO. Außerdem gibt es auch unter bestimmten Voraussetzungen eine steuerliche Buchführungspflicht für bestimmte Gewerbetreibende sowie Land- und Forstwirte nach § 141 AO. Freiberufler sind aber nie buchführungspflichtig, sie können jedoch freiwillig Bücher führen.

Prüfer: In Ordnung. Machen wir weiter. Welche Unterschiedsmerkmale fallen Ihnen noch ein?

Schüler: Im Rahmen der Überschusseinkünfte sind für Werbungskosten Pauschbeträge möglich, wobei es für Betriebsausgaben keine gesetzlichen Pauschbeträge gibt. Ein wichtiger Unterschied ist auch, dass im

Rahmen der Gewinneinkunftsarten Gewinne oder Verluste aus dem Verkauf von Betriebsvermögen oder auch des Betriebs selbst versteuert werden müssen. Dies ist Ausfluss der sog. Reinvermögenszuwachstheorie.

Die Überschusseinkünfte jedoch erfassen nur die Einnahmen aus der Tätigkeit oder aus der Nutzung der Einkunftsquelle, dies wird auch als die sog. Quellentheorie bezeichnet. Gewinne oder Verluste, die durch den Verkauf von Gegenständen, die der Einkunftserzielung gedient haben oder die durch Veräußerung der Einkunftsquelle selbst erzielt werden, sind einkommensteuerlich nicht von Bedeutung.

Prüfer: Schön erklärt. Gibt es denn auch Ausnahmen von dieser Quellentheorie?

Schüler: Ich meine nicht.

Prüfer: Hilft Ihnen der Begriff »Spekulationsgewinn« weiter? Oder denken Sie an die Besteuerung der Kapitaleinkünfte.

Schüler: Oh, daran habe ich gar nicht gedacht. Also, wenn Gegenstände des Privatvermögens innerhalb bestimmter Fristen gekauft und wieder verkauft werden, sind die dabei entstandenen Gewinne grundsätzlich als sonstige Einkünfte zu versteuern. Bei den Einkünften aus Kapitalvermögen gilt die Quellentheorie grundsätzlich nicht. Nach § 20 Abs. 2 EStG findet eine Besteuerung aus der Veräußerung von Anteilen an Körperschaften statt, z.B. Gewinne aus Aktienverkäufen nach § 20 Abs. 2 Nr. 1 EStG.

Prüfer: Richtig. Sie sehen, die Prüfung läuft doch bisher ganz hervorragend. Also können wir weitermachen. Notieren Sie sich bitte folgenden Sachverhalt: A und B haben 2019 geheiratet. A erzielt Einkünfte aus Vermietung und Verpachtung i.H.v. 26.000 €, B Einkünfte aus freiberuflicher Tätigkeit i.H.v. 4.000 €. B hat eine vierjährige Tochter, die bei ihr gemeldet und deren Vater vor Jahren verstorben ist. Welche Veranlagungsart würden Sie den Eheleuten A und B für 2019 empfehlen?

Schüler: Da A und B 2019 geheiratet haben, bieten sich zwei Veranlagungsmöglichkeiten an, und zwar eine Zusammenveranlagung oder eine Einzelveranlagung. Ich würde die Zusammenveranlagung empfehlen.

Prüfer: Welche Folgen ergäben sich dann?

Schüler: Auf das gemeinsame zu versteuernde Einkommen wird die Splittingtabelle angewendet.

Prüfer: Erläutern Sie mir das Splittingverfahren!

Schüler: Das gemeinsame zu versteuernde Einkommen wird halbiert und die sich dann ergebende Grundtarifsteuer verdoppelt. Aufgrund des progressiven Verlaufs des Einkommensteuertarifs und der zweifachen Berücksichtigung des Grundfreibetrags ergibt sich die steuerliche Entlastung.

Prüfer: Genau. Wollen wir zum Ende der Prüfung noch ein wenig auf die Einkünfte aus Vermietung und Verpachtung eingehen. Was fällt Ihnen dazu ein?

Schüler: Solche Einkünfte erzielt z.B. wer Grundstücke vermietet.

Prüfer: Fallen alle Vermietungstatbestände unter diese Einkunftsart?

Schüler: Nein. Die Vermietung von beweglichen Sachen fällt nicht darunter.

Prüfer: Welche Einkünfte liegen denn in diesen Fällen vor?

Schüler: Es kommt darauf an. Wenn es eine Vermietung im gewerblichen Rahmen ist, z.B. Autovermietungsfirmen wie Interrent oder Europcar, liegen gewerbliche Einkünfte vor. Vermietet eine Privatperson gelegentlich ihr Wohnmobil für Urlaubsreisen, handelt es sich um sonstige Einkünfte.

Prüfer: Gut, gibt es denn auch Grundstücksvermietungen, die nicht unter § 21 EStG fallen?

Schüler: Ja, z.B. wenn ein Gewerbetreibender zu seinem Betriebsvermögen gehörende Räume vermietet, dann liegen Betriebseinnahmen innerhalb des Gewerbebetriebs vor.

Prüfer: Wieso das?

Schüler: In diesem Fall gilt das sog. Subsidiaritätsprinzip. Danach gehen die Gewinneinkunftsarten den Überschusseinkunftsarten vor.

Prüfer: Aber im Grunde ist es doch gleichgültig, bei welcher Einkunftsart die Mieteinnahmen erfasst werden. Versteuert werden müssen sie so oder so.

Schüler: Schon, aber es gibt da doch entscheidende Unterschiede.

Prüfer: Welche z.B.?

Schüler: Wie bereits gesagt, würde bei einem Verkauf des vermieteten Grundstücks im Rahmen der gewerblichen Einkünfte ein entstehender Veräußerungsgewinn versteuert werden, während im Rahmen der Vermietung und Verpachtung dies nur im Falle eines privaten Veräußerungsgeschäfts (Spekulations-gewinn) die Folge wäre.

Prüfer: Richtig erkannt. Kann man denn bei den Vermietungseinkünften alle Kosten diesbezüglich im Jahr der Zahlung absetzen?

Schüler: Grundsätzlich können alle Werbungskosten im Jahr der Zahlung angesetzt werden. Dies besagt das sog. Abflussprinzip. Eine Ausnahme davon bilden z.B. die Abschreibungen.

Prüfer: Was sind Abschreibungen?

Schüler: Bei Abschreibungen werden die Anschaffungs- oder Herstellungskosten eines Wirtschaftsguts auf die Jahre der Nutzungsdauer linear oder degressiv verteilt; im Ergebnis soll dadurch die Wertminderung des Wirtschaftsguts erfasst werden.

Prüfer: Schließen wir damit die Prüfung. Ich bedanke mich für das erfolgreiche und angenehme Gespräch.

II. Mündliche Prüfung aus dem Fach Abgabenordnung

Prüfer: Notieren Sie sich bitte folgende Zeiträume:
5 Monate bzw. 7 Monate; 12 Monate bzw. 14 Monate; 1 Monat; 1 Woche; 1 Jahr; 3 Tage; 4 Jahre.

Was fällt Ihnen zu den vorgegebenen Zeiträumen, die die Abgabenordnung vorsehen, ein? Ich schlage vor, wir beginnen in der vorgegebenen Reihenfolge. Was können Sie mir also zu der 5- bzw. 7-Monats-Frist sagen?

5 bzw. 7 Monate

Schüler: Steuererklärungen waren bis 31.12.2016 5 Monate nach Ablauf eines Kalenderjahres abzugeben (§ 149 Abs. 2 AO a.F.). Gem. § 149 Abs. 2 Satz 1 AO in der Fassung ab 01.01.2017 sind Steuererklärungen, soweit durch die Einzelsteuergesetze nichts anderes bestimmt ist, wenn sie sich auf ein Kalenderjahr (oder einen bestimmten Zeitpunkt) beziehen, bis spätestens 7 Monate nach Ablauf des Kalenderjahres (oder des bestimmten Zeitpunkts) abzugeben. Dies gilt erst für Erklärungen ab dem VZ 2018. Nach übereinstimmen-den Verfügungen der Länder werden die Regelungen aber auch schon für den VZ 2017 angewendet. Für

Steuerpflichtige, die den Gewinn aus Land- und Forstwirtschaft nach einem abweichenden Wirtschaftsjahr ermitteln, berechnen sich die 5 Monate nach dem Schluss des Wirtschaftsjahres, § 149 Abs. 2 Satz 2 AO.

12 bzw. 14 Monate

Wird der Steuerpflichtige durch einen Steuerberater oder eine andere befugte Person oder Vereinigung o.ä. im Sinne des Steuerberatungsgesetzes vertreten, gewährt die Finanzverwaltung nach neuem Recht eine generelle Fristverlängerung bis Ende Februar des auf den Veranlagungszeitraum folgenden übernächsten Jahres (bisher 31.12. des Folgejahres).

Prüfer: Gibt es nach den Steuergesetzen auch andere Abgabefristen?

Schüler: Abgabefristen nach dem UStG und dem EStG.

Prüfer: Welche Abgabefristen kennt das UStG?

Schüler: Die Umsatzsteuer-Voranmeldung ist bis zum 10. Tag nach Ablauf des Voranmeldungszeitraums abzugeben (§ 18 Abs. 1 Satz 1 UStG).

Prüfer: Gibt es hinsichtlich der Umsatzsteuer-Jahreserklärung ebenfalls eine von § 149 Abs. 2 AO abweichende Abgabefrist?

Schüler: Hat der Unternehmer seine gewerbliche oder berufliche Tätigkeit nur in einem Teil des Kalenderjahres ausgeübt, so tritt dieser Teil an die Stelle des Kalenderjahres (§ 16 Abs. 3 UStG).

Hat der Unternehmer seine gewerbliche oder berufliche Tätigkeit im Laufe des Kalenderjahres beendet, so hat er für den kürzeren Besteuerungszeitraum eine Umsatzsteuer-Jahreserklärung binnen eines Monats nach Ablauf des kürzeren Besteuerungszeitraums abzugeben (§ 18 Abs. 3 UStG).

Prüfer: Sie nannten eben die Abgabefristen des EStG. Welche Abgabefristen sind im EStG geregelt?

Schüler: Der Arbeitgeber hat spätestens am zehnten Tag nach Ablauf eines jeden Lohnsteuer-Anmeldungszeitraums eine Lohnsteuer-Anmeldung abzugeben (§ 41a Abs. 1 Nr. 1 EStG).

Prüfer: Kann auch eine Einkommensteuer-Erklärung nach Ablauf der Frist des § 149 Abs. 2 AO abgegeben werden, diese aber trotzdem fristgerecht beim Finanzamt eingegangen sein?

Schüler: Fristen zur Einreichung von Steuererklärungen können verlängert werden (§ 109 Abs. 1 Satz 1 AO). Nach einer erteilten Fristverlängerung kann eine Einkommensteuererklärung demzufolge fristgerecht beim Finanzamt eingehen.

1 Woche

Prüfer: In welchem Verfahren der AO muss die Wochenfrist beachtet werden?

Schüler: Im Vollstreckungsverfahren.

Prüfer: Unter welchen Voraussetzungen kann die Vollstreckung beginnen?

Schüler: Die Leistung muss fällig sein, das Leistungsgebot muss bekannt gegeben sein, die Vollstreckungsschonfrist von einer Woche muss verstrichen sein.

Prüfer: Kann auch eine Vollstreckung ohne ein vorliegendes Leistungsgebot fehlerfrei durchgeführt werden?

Schüler: Soweit der Vollstreckungsschuldner eine von ihm aufgrund einer Steueranmeldung geschuldete Leistung nicht erbracht hat, bedarf es eines Leistungsgebotes nicht (§ 254 Abs. 1 Satz 4 AO).

Prüfer: Gibt es noch eine weitere Möglichkeit?

Schüler: Eines Leistungsgebotes wegen der Säumniszuschläge und Zinsen bedarf es nicht, wenn sie zusammen mit der Steuer beigetrieben werden (§ 254 Abs. 2 Satz 1 AO). Dies gilt auch für die Vollstreckungskosten.

Prüfer: Notieren Sie sich bitte ein kleines Beispiel:
Der Einkommensteuer-Bescheid 18 geht am Mittwoch, den 18.09.19, zur Post. Wann darf frühestens mit der Vollstreckung begonnen werden?

Schüler: Der Tag der Bekanntgabe ist Samstag, 21.09.19 (§ 122 Abs. 2 Nr. 1 AO). Als Bekanntgabetag gilt somit der nächstfolgende Werktag, also Montag, 23.09.19. Die Vollstreckungsschonfrist beginnt mit Ablauf des Montag, 23.09.19, und endet mit Ablauf des Montag, 30.09.19.

Allerdings darf noch nicht vollstreckt werden, da die Leistung noch nicht fällig ist. Die Einkommensteuer-Abschlusszahlung ist ein Monat nach Bekanntgabe des Steuerbescheids fällig (§ 36 Abs. 4 EStG). Die Einkommensteuer ist mit Ablauf des 23.10.19 fällig. Ab diesem Zeitpunkt kann frühestens vollstreckt werden.

Prüfer: Muss der Vollstreckungsschuldner vor Beginn der Vollstreckung nicht gemahnt werden?

Schüler: Die Mahnung nach § 259 AO ist lediglich eine Sollvoraussetzung. Einer Mahnung bedarf es nicht, wenn der Vollstreckungsschuldner vor Eintritt der Fälligkeit an die Zahlung erinnert wird.

3 Tage

Prüfer: In welchem Verfahren der AO gilt die 3-Tage-Regelung?

Schüler: Im Erhebungsverfahren, Abschnitt Säumniszuschläge.

Prüfer: Notieren Sie sich bitte folgende Angaben:
Ein Unternehmer gibt seine monatliche Umsatzsteuer-Voranmeldung August 19 am Dienstag, den 03.09.19, beim Finanzamt ab. Die Zahlung i.H.v. 1.234 € erfolgt durch Überweisung und wird:
a) am 05.09.19,
b) am Montag, den 16.09.19,
c) am Dienstag, den 17.09.19,
der Finanzbehörde gutgeschrieben.
Sind in den Fällen a) bis c) Säumniszuschläge entstanden und zu erheben? Nehmen Sie zunächst Stellung zu a), Zahlung am 05.09.19.

Schüler: Ein Säumniszuschlag entsteht, wenn eine Steuer nicht bis zum Ablauf des Fälligkeitstages entrichtet ist (§ 240 Abs. 1 Satz 1 AO).

Prüfer: Wann ist die Umsatzsteuer-Vorauszahlung für den Monat August fällig?

Schüler: Die Vorauszahlung ist am 10.09. fällig (§ 18 Abs. 1 Satz 4 UStG).

Prüfer: Welche Schlussfolgerung ergibt sich daraus bezüglich eines Säumniszuschlages?

Schüler: Da die Zahlung vor Fälligkeit erfolgte, ist kein Säumniszuschlag entstanden.

Prüfer: Ist im Fall b) bei der Zahlung am 16.09.19 ein Säumniszuschlag entstanden?

Schüler: Da die Zahlung nach Ablauf der Fälligkeit erfolgte, ist ein Säumniszuschlag entstanden.

Prüfer: Ist dieser Säumniszuschlag auch zu erheben?

Schüler: Ein Säumniszuschlag wird bei einer Säumnis bis zu drei Tagen nicht erhoben (§ 240 Abs. 3 AO). Die Schonfrist beginnt mit Ablauf des Mittwoch, 11.09.19, und endet mit Ablauf des Montag, 16.09.19, da der 14.09.19 ein Samstag ist.

Die Zahlung am 16.09.19 erfolgt noch innerhalb der Schonfrist. Ein Säumniszuschlag ist nicht zu erheben.

Prüfer: Welche Auswirkung hat somit die Zahlung am Dienstag, 17.09.19, auf die Erhebung von Säumniszuschlägen?

Schüler: Da die Zahlung nach Ablauf der Säumnisschonfrist erfolgte, ist für jeden angefangenen Monat der Säumnis ein Säumniszuschlag von ein vom Hundert des rückständigen Steuerbetrages zu entrichten; abzurunden ist auf den nächsten durch fünfzig Euro teilbaren Betrag. 1 % von 1.200 € = 12 € Säumniszuschlag.

Prüfer: Können Sie sich vorstellen, dass der Unternehmer die Umsatzsteuer-Voranmeldung August 19 am 05.09.19 abgibt, am 19.09.19 zahlt und trotzdem keine Säumniszuschläge anfallen? Der Betrag i.H.v. 1.234 € ist bei dieser Frage ohne Bedeutung.

Schüler: Wenn der rückständige Betrag kleiner ist als 50 €. Für Beträge unter 50 € entsteht kein Säumniszuschlag (§ 240 Abs. 1 AO).

1 Monat

Prüfer: Wie lange ist die Einspruchsfrist – 4 Wochen oder ein Monat –?

Schüler: Nach dem Gesetzeswortlaut des § 355 Abs. 1 AO ist ein Einspruch gegen einen Verwaltungsakt innerhalb eines Monats nach Bekanntgabe des Verwaltungsaktes einzulegen.
Für die Fristberechnung spielt es keine Rolle, ob die Frist 4 Wochen oder einen Monat beträgt.

Prüfer: Ihre letzte Aussage kann so nicht stehen bleiben.
Notieren Sie sich bitte folgende Angaben:
Ein Steuerbescheid wird am Mittwoch, den 30.01.19, bekannt gegeben.
a) Wann endet die Monatsfrist?
b) Wann endet die 4-Wochen-Frist?
Sie dürfen das BGB benutzen!

Schüler: Der Zeitpunkt des Beginns einer Frist ist nach § 187 Abs. 1 BGB zu ermitteln. Bei Ereignisfristen wird der Ereignistag nicht mitgerechnet. Die Frist beginnt somit in den Fällen a) und b) mit Beginn des 31.01.19.

Die Monatsfrist endet mit Ablauf desjenigen Tages in dem letzten Monat, der durch seine Benennung oder seine Zahl dem Ereignistag entspricht (§ 188 Abs. 2 BGB). Die Monatsfrist endet somit mit Ablauf des 30.02.19. Gemäß § 188 Abs. 3 BGB verkürzt sich die Frist bis auf den Ablauf des 28.02.19 (Donnerstag).

Ist eine Frist nach Wochen bestimmt, endet sie nach § 188 Abs. 2 BGB mit Ablauf des Wochentages, der die gleiche Bezeichnung hat wie der Tag, in den das fristauslösende Ereignis fiel.

Der Ereignistag war der Mittwoch, 30.01.19. Die 4-Wochen-Frist endet daher mit Ablauf des Mittwoch, den 27.02.19.

Prüfer: Sehr gut. Sie sehen also, dass es einen Unterschied macht, ob wir eine Monatsfrist oder eine 4-Wochen-Frist berechnen.

1 Jahr

Prüfer: Die Zuordnung der Jahresfrist dürfte nach dem zuletzt behandelten Thema nicht sehr schwierig sein. Wann sieht die AO eine Jahresfrist vor?

Schüler: Die Jahresfrist gilt ebenfalls im Einspruchsverfahren. Ist nämlich die Belehrung unterblieben oder unrichtig erteilt, so ist der Einspruch innerhalb eines Jahres seit Bekanntgabe des Verwaltungsaktes zulässig (§ 356 Abs. 2 AO).

Prüfer: Können Sie mir noch weitere Jahresfristen der AO nennen?

Schüler: Innerhalb der Festsetzungsverjährung gibt es zwei weitere Jahresfristen. Die Festsetzungsfrist für Zölle und Verbrauchsteuern beträgt ein Jahr (§ 169 Abs. 2 Nr. 1 AO). Weiterhin gilt die Jahresfrist im Zusammenhang mit einer offenbaren Unrichtigkeit. Ist beim Erlass eines Steuerbescheids eine offenbare Unrichtigkeit unterlaufen, so endet die Festsetzungsfrist insoweit nicht vor Ablauf eines Jahres nach der Bekanntgabe dieses Steuerbescheids (Ablaufhemmung § 171 Abs. 2 AO). Das Gleiche gilt in den Fällen des § 173a AO.

4 Jahre

Prüfer: Nachdem wir bereits über die Festsetzungsverjährung gesprochen haben, ist es wohl nicht mehr schwer, die 4-Jahres-Frist zuzuordnen.

Schüler: Die Festsetzungsfrist beträgt für Besitz- und Verkehrsteuern vier Jahre (§ 169 Abs. 2 Nr. 2 AO).

Prüfer: Ist somit die Einkommensteuer des Kalenderjahres 15 mit Ablauf des 31.12.19 verjährt?

Schüler: Die Festsetzungsfrist beginnt mit Ablauf des Kalenderjahres, in dem die Einkommensteuer entstanden ist (§ 170 Abs. 1 AO).

Prüfer: Wann entsteht die Einkommensteuer 15?

Schüler: Die Einkommensteuer entsteht mit Ablauf des Veranlagungszeitraums, also mit Ablauf des 31.12.15 (§ 36 Abs. 1 EStG).

Prüfer: Die Frist beginnt also mit Beginn des 01.01.16 und endet mit Ablauf des 31.12.19? Die Einkommensteuer des Kalenderjahrs 15 ist somit verjährt?

Schüler: Nein. Es ist die Anlaufhemmung zu beachten (§ 170 Abs. 2 Nr. 1 AO). Wenn eine Steuererklärung einzureichen ist, beginnt die Festsetzungsverjährung mit Ablauf des Kalenderjahres, in dem die Steuererklärung eingereicht wird.

Prüfer: Die Einkommensteuererklärung 15 wird:
a) am 31.05.16
b) am 30.06.19
abgegeben. Wann tritt die Festsetzungsverjährung ein?

Schüler: Im Fall a) beginnt die Festsetzungsverjährung mit Ablauf des 31.12.16 und endet mit Ablauf des 31.12.20.

Die Festsetzungsverjährung beginnt spätestens mit Ablauf des dritten Kalenderjahres, das auf das Kalenderjahr folgt, in dem die Steuer entstanden ist. Die Festsetzungsverjährung beginnt im Fall b) mit Ablauf des 31.12.18 und endet mit Ablauf des 31.12.22.

> **Prüfer:** Die Prüfung im Fach Abgabenordnung ist beendet. Es war ein sehr angenehmes Prüfungsgespräch. Ich bedanke mich bei Ihnen.

III. Mündliche Prüfung aus dem Fach Steuererhebung

> **Prüfer:** Im Fach Steuererhebung möchte ich mich mit Ihnen zunächst über die Voraussetzungen der Zwangsvollstreckung unterhalten.
> Was kann die Finanzbehörde vollstrecken?

Schüler: Wenn der Steuerpflichtige seine Steuer nicht rechtzeitig entrichtet hat, kann die Finanzbehörde diese Geldleistung vollstrecken.

> **Prüfer:** Richtig. Die Frage ist aber, ob nur Geldleistungen im Verwaltungsweg vollstreckt werden können?

Schüler: Nach den Voraussetzungen des § 254 AO betrifft dies nur Geldleistungen.

> **Prüfer:** Das ist schon korrekt. Aber die Überprüfung der Vollstreckungsvoraussetzungen muss nach der AO früher beginnen. Welche Möglichkeiten der Vollstreckung bestehen nach § 249 Abs. 1 AO?

Schüler: Nach dieser Vorschrift können Verwaltungsakte, mit denen eine Geldleistung, eine sonstige Handlung, eine Duldung oder Unterlassung gefordert wird, im Verwaltungswege vollstreckt werden.

> **Prüfer:** Jawohl, jetzt sind wir da wo ich hin wollte. Nach § 249 Abs. 1 AO muss für die Überprüfung der Vollstreckungsvoraussetzungen eine Zweiteilung vorgenommen werden. Es muss nämlich die Frage beantwortet werden, wegen was wird vollstreckt?

Schüler: Wegen einer Geldleistung.

> **Prüfer:** Richtig. Dies wird im 2. Abschnitt des 6. Teils der AO behandelt.

Schüler: Wegen anderer Leistungen als Geldforderungen.

> **Prüfer:** Jawohl, dies wird im 3. Abschnitt des 6. Teils der AO behandelt.
> Wie erfolgt die Vollstreckung dieser von Ihnen unter Punkt 2. genannten Leistungen?

Schüler: Durch Zwangsmittel nach § 328 AO.

> **Prüfer:** Unter welchen Voraussetzungen kommt diese Vollstreckungsmaßnahme in der Praxis häufig zur Anwendung?

Schüler: Ein Steuerpflichtiger gibt seine Steuererklärung nicht zum festgesetzten Zeitpunkt ab. Es wird dann ein Zwangsgeld von maximal 25.000 € festgesetzt.

> **Prüfer:** Wird nach Überschreiten der Abgabefrist sofort ein Zwangsgeld festgesetzt?

Schüler: Nein, der Steuerpflichtige kann einen Fristverlängerungsantrag stellen.

> **Prüfer:** Darauf wollte ich zwar nicht hinaus. Wenn wir aber schon beim Thema sind möchte ich Sie fragen, welche Fristen überhaupt verlängerbar sind?

Schüler: Nach § 109 AO sind Fristen zur Einreichung von Steuererklärungen und behördliche Fristen verlängerbar.

Prüfer: Nach dieser Aussage sind Steuererklärungsfristen keine behördlichen Fristen sondern ...

Schüler: ... gesetzliche Fristen.

Prüfer: Welche gesetzlichen Vorschriften regeln die Abgabe von Steuererklärungen?

Schüler: § 149 AO und die Einzelsteuergesetze.

Prüfer: Bis wann muss ein Steuerpflichtiger, der seine Erklärung abgeben muss, seine Einkommensteuer-Erklärung abgeben?

Schüler: Die Einkommensteuer-Erklärung ist bis zum 31.07. des Folgejahres abzugeben.

Prüfer: Was passiert, wenn die Steuererklärung von einem Steuerberater erstellt wird?

Schüler: Wird der Steuerpflichtige durch einen Steuerberater oder eine andere befugte Person oder Vereinigung o.ä. im Sinne des Steuerberatungsgesetzes vertreten, gewährt die Finanzverwaltung nach neuem Recht eine generelle Fristverlängerung bis Ende Februar des auf den Veranlagungszeitraum folgenden übernächsten Jahres (früher: 31.12. des Folgejahres).

Prüfer: Kommen wir aber zu unserem Ausgangsfall zurück. Wird nach Überschreiten der Abgabefrist sofort ein Zwangsgeld festgesetzt?

Schüler: Nein, das Zwangsgeld muss vorher angedroht werden.

Prüfer: Gehen wir jetzt etwas näher auf die Vollstreckung einer Geldleistung ein. Wann darf die Vollstreckung beginnen?

Schüler: Die Vollstreckung darf erst beginnen, wenn die Leistung fällig ist, der Vollstreckungsschuldner zur Leistung aufgefordert worden ist und seit der Aufforderung mindestens eine Woche verstrichen ist.

Prüfer: Gut. Kann eine Vollstreckung beginnen, ohne dass vorher ein Leistungsgebot ergangen ist?

Schüler: Bei Steueranmeldungen gibt es den gesetzlichen Leistungsbefehl. Die gesetzliche Fälligkeit ist in der Regel 10 Tage nach Ablauf des Anmeldungs- bzw. Voranmeldungszeitraums.

Prüfer: Sehr gut. Der Steuerpflichtige A schuldet dem Finanzamt Einkommensteuer 19 i.H.v. 5 000 €. Der Steuerbescheid geht am Donnerstag, den 23.09.20 zur Post. Wann kann frühestens vollstreckt werden?

Schüler: Bekanntgabe des Steuerbescheids ist am Sonntag, 26.09.20. Nach § 108 Abs. 3 AO endet die Frist mit Ablauf Montag, 27.09.20. Die Wochenfrist endet mit Ablauf Montag, 04.10.20. Ab Dienstag, 05.10.20, könnte vollstreckt werden.

Prüfer: Sie haben die Voraussetzungen des § 254 Abs. 1 AO ja schon genannt. Außer der Bekanntgabe des Leistungsgebots und der Wochenfrist muss aber noch eine Voraussetzung erfüllt sein. Überlegen Sie noch einmal!

Schüler: Die Leistung muss fällig sein.

Prüfer: Ist die Einkommensteuer 19 am Dienstag, 05.10.20, fällig?

Schüler: Wenn der Steuerbescheid am Montag, 27.09.20 als bekannt gegeben gilt, ist die Einkommensteuer mit Ablauf des 27.10.20 fällig, sodass am 05.10.20 noch nicht vollstreckt werden darf.

Prüfer: Angenommen, der Steuerpflichtige zahlt seine Einkommensteuer-Schuld nicht. Die Vollstreckungsstelle prüft die Vollstreckungsmöglichkeiten. Welche Vollstreckungsmöglichkeiten bestehen?

Schüler: Die AO unterscheidet die Vollstreckung in das bewegliche Vermögen (§§ 281 ff. AO) und in das unbewegliche Vermögen (§ 322 AO). Bei der Vollstreckung in das bewegliche Vermögen ist zu unterscheiden in die Vollstreckung in Sachen (§§ 285 ff. AO) und in die Vollstreckung in Forderungen und andere Vermögensrechte (§§ 309 ff. AO).

Prüfer: Sehr schön. Für welche Vollstreckungsmöglichkeit ist der Vollziehungsbeamte zuständig?

Schüler: Nach § 285 Abs. 1 AO ist der Vollziehungsbeamte für die Vollstreckung in bewegliche Sachen zuständig.

Prüfer: Wie erfolgt die Vollstreckung durch den Vollziehungsbeamten?

Schüler: Nach § 281 Abs. 1 AO durch Pfändung.

Prüfer: Der Vollziehungsbeamte durchsucht zulässigerweise die Wohnung des Vollstreckungsschuldners. Unter welchen Voraussetzungen darf der Vollziehungsbeamte die Wohnung durchsuchen?

Schüler: Nach § 287 AO mit Einwilligung des Vollstreckungsschuldners oder aufgrund einer richterlichen Anordnung.

Prüfer: Gut. Bei dieser Durchsuchung findet der Vollziehungsbeamte ein Bett. Wird der Vollziehungsbeamte das Bett pfänden?

Schüler: Nein, denn nach Abschn. 33 Abs. 1 VollzA ist das Bett als Hausrat unpfändbar.

Prüfer: Der Vollziehungsbeamte findet einen 200 €-Schein.

Schüler: Die Pfändung erfolgt nach § 286 Abs. 1 AO durch Wegnahme.

Prüfer: Was geschieht eigentlich mit gepfändeten Sachen?

Schüler: Nach § 296 Abs. 1 AO sind gepfändete Sachen öffentlich zu versteigern.

Prüfer: Gepfändete Sachen werden also versteigert. Der § 296 AO nennt das »verwerten«. Wie wird eigentlich der gepfändete 200 €-Schein verwertet?

Schüler: Nach § 225 Abs. 3 AO wird der gepfändete Betrag mit der rückständigen Schuld verrechnet.

Prüfer: Wann ist hierbei Tag der Zahlung?

Schüler: Bei der Pfändung von Geld gilt die Wegnahme als Zahlung des Vollstreckungsschuldners (§ 296 Abs. 2 AO).

Prüfer: Leider ist meine Prüfungszeit zu Ende. Ich bedanke mich bei Ihnen für dieses angenehme Gespräch.

IV. Mündliche Prüfung aus dem Fach Staatsrecht

Prüfer: Nach den Steuerfächern will ich mich mit Ihnen über das Fach Staatsrecht unterhalten. Nennen Sie mir ein Verfassungsorgan der Bundesrepublik Deutschland.

Schüler: Bundespräsident.

Prüfer: Wie gelangt der Bundespräsident in sein Amt?

Schüler: Er wird von der Bundesversammlung gewählt (Art. 54 GG).

Prüfer: Wann tritt die Bundesversammlung in aller Regel zusammen?

Schüler: Alle fünf Jahre, weil die Amtszeit des Bundespräsidenten fünf Jahre beträgt.

Prüfer: Wie viel Wahlgänge sind möglich und welche Mehrheiten sind erforderlich?

Schüler: Es sind drei Wahlgänge möglich. Im ersten und zweiten Wahlgang ist die absolute Mehrheit, im dritten Wahlgang die einfache Mehrheit erforderlich.

Prüfer: Wieso wird der föderative Aufbau der Bundesrepublik Deutschland bei der Wahl des Bundespräsidenten sichtbar?

Schüler: Die Bundesversammlung besteht aus allen Bundestagsabgeordneten und einer gleichen Anzahl von Mitgliedern, die von den Landtagen und Parlamenten der Stadtstaaten gewählt werden. Somit wird hierdurch die föderative Struktur der Bundesrepublik Deutschland sichtbar.

Prüfer: Sehr gut. Welche Aufgaben hat der Bundespräsident?

Schüler: Er hat vornehmlich repräsentative Aufgaben. Er unterzeichnet die Bundesgesetze vor ihrer Verkündung im Bundesgesetzblatt.

Prüfer: Wenn der Bundespräsident die Unterzeichnung eines Bundesgesetzes verweigert, besteht dann die Möglichkeit, ihn zur Unterzeichnung zu zwingen?

Schüler: Es besteht die Möglichkeit der Organklage vor dem Bundesverfassungsgericht nach Art. 93 Abs. 1 Nr. 1 GG.

Prüfer: Jawohl. Welche Aufgaben hat der Bundespräsident noch?

Schüler: Er ist für die Ernennung und Entlassung des Bundeskanzlers und der Bundesminister zuständig.

Prüfer: Kann der Bundespräsident die Bundesminister in freier Entscheidung ernennen und entlassen?

Schüler: Nein, die Bundesminister werden auf Vorschlag des Bundeskanzlers vom Bundespräsidenten ernannt und entlassen (Art. 64 Abs. 1 GG).

Prüfer: Richtig. In Ausnahmefällen hat der Bundespräsident auch politische Entscheidungen zu treffen. Was fällt Ihnen dazu ein?

Schüler: Bei der Kanzlerwahl hat der Bundespräsident eine politische Entscheidung. Erreicht der Kandidat für das Kanzleramt nicht die absolute Mehrheit (Art. 63 Abs. 4 GG), sondern verfügt er nur über eine relative Mehrheit, so hat der Bundespräsident zu entscheiden, ob er den betreffenden Kandidaten zum Bundeskanzler ernennt oder ob er durch Auflösung des Bundestages Neuwahlen herbeiführt.

Prüfer: Prima. Wer vertritt eigentlich den Bundespräsidenten?

Schüler: Die Vertretung des Bundespräsidenten wird durch den Präsidenten des Bundesrates wahrgenommen (Art. 57 GG).

Prüfer: Gut. Nennen Sie mir bitte ein weiteres Verfassungsorgan der Bundesrepublik Deutschland.

Schüler: Der Bundesrat.

Prüfer: Der Landtagsabgeordnete Emsig bittet das Landesparlament, ihn zum Bundesratsmitglied zu wählen. Kann Emsig auf diesem Weg Bundesratsmitglied werden?

Schüler: Emsig kann kein Bundesratsmitglied werden, da er kein Mitglied der Landesregierung ist.

Prüfer: Wie setzt sich der Bundesrat zusammen?

Schüler: Der Bundesrat besteht aus Mitgliedern der Länderregierungen (Art. 51 Abs. 1 GG).

Prüfer: Wenn Emsig aber Mitglied der Landesregierung wäre, könnte er dann vom Landtag zum Bundesratsmitglied gewählt werden?

Schüler: Der Landtag hätte auch hier nicht das Recht, ihn als Bundesratsmitglied zu wählen. Die Bundesratsmitglieder werden von den Länderregierungen bestellt und abberufen (Art. 51 Abs. 1 GG).

Prüfer: Wie können sich diese Mehrheiten im Bundesrat ändern? Gibt es eigentlich Bundesratswahlen?

Schüler: Es findet keine Bundesratswahl statt. Durch Landtagswahlen können sich die Mehrheiten im Bundesrat ändern.

Prüfer: Sehr gut. Welche Aufgabe hat eigentlich der Bundesrat?

Schüler: Durch den Bundesrat wirken die Länder bei der Gesetzgebung und Verwaltung des Bundes mit (Art. 50 GG).

Prüfer: Wie wirken die Länder bei der Gesetzgebung des Bundes mit?

Schüler: Der Bundesrat hat nach Art. 76 Abs. 1 GG das Recht der Gesetzesinitiative. Die Gesetzesvorlagen der Bundesregierung sind nach Art. 76 Abs. 2 GG zunächst dem Bundesrat zur Stellungnahme zuzuleiten.

Prüfer: Die Bundesregierung beabsichtigt zur Vereinheitlichung des Schulwesens ein Rahmengesetz für alle Pflichtschulen im Bundestag einzubringen. Dieser Gesetzesentwurf liegt dem Bundesrat zur Stellungnahme vor. Welche Entscheidung wird der Bundesrat treffen?

Schüler: Der Bundesrat wird prüfen, ob nicht das Gesetzgebungsrecht der Länder verletzt ist. Nach Art. 70 Abs. 1 GG haben die Länder das Recht der Gesetzgebung, soweit das Grundgesetz nicht dem Bund Gesetzgebungsbefugnis verleiht. Die Rahmenkompetenz des Bundes ist genau in Art. 75 GG festgelegt. Danach steht dem Bund keine Gesetzgebungsbefugnis im Schulwesen zu. Der Bundesrat wird der Bundesregierung mitteilen, dass der Bundestag kein Rahmenschulgesetz verabschieden darf.

Prüfer: Prima. Der Bundestag hat eine Erhöhung des Kindergeldes (§ 66 EStG) beschlossen. Welche Mehrheit ist im Bundestag zur Annahme dieses Gesetzes notwendig?

Schüler: Der Bundestag beschließt nach Art. 42 Abs. 2 GG grundsätzlich mit der Mehrheit seiner Stimmen, also mit einfacher Mehrheit.

Prüfer: Sind für Gesetzesbeschlüsse des Bundestages auch andere Mehrheiten notwendig?

Schüler: Verfassungsändernde Gesetze bedürfen nach Art. 79 Abs. 2 GG einer Mehrheit von zwei Dritteln der Mitglieder des Bundestages.

Prüfung: Wann ist im Bundestag die absolute Mehrheit erforderlich?

Schüler: Im Gesetzgebungsverfahren ist niemals die absolute Mehrheit erforderlich. Die absolute Mehrheit ist bei der Wahl des Bundeskanzlers (Art. 63), beim Misstrauensvotum (Art. 67) und bei der Vertrauensfrage (Art. 68) notwendig.

Prüfer: Jawohl. Zurück zu der Änderung des Familienleistungsausgleichs. Kann das vom Bundestag beschlossene Gesetz noch scheitern?

Schüler: Nach Art. 77 Abs. 1 GG ist das Gesetz dem Bundesrat zuzuleiten. Der Bundesrat kann dann Einspruch einlegen; da bin ich mir aber nicht ganz sicher.

Prüfer: Kein Problem. Welche zwei Möglichkeiten hat der Bundesrat im Allgemeinen? Die eine Möglichkeit haben Sie schon genannt; er kann Einspruch einlegen.

Schüler: Er muss zustimmen.

Prüfer: Das sind die zwei Möglichkeiten. Bei welchen Gesetzen handelt es sich um zustimmungsbedürftige Gesetze?

Schüler: Zustimmungsgesetze sind verfassungsändernde Gesetze und solche Gesetze, die Angelegenheiten der Länder berühren. Bei einer Änderung des Einkommensteuergesetzes ist die Zuständigkeitsverteilung des Art. 105 GG zu beachten. Da das Aufkommen der Einkommensteuer nach Art. 106 Abs. 3 GG auch den Ländern zusteht, bedarf dieses Gesetz nach Art. 105 Abs. 3 GG der Zustimmung des Bundesrates.

Ihre Frage war, ob ein solches Gesetz nach einer Verabschiedung im Bundestag noch scheitern kann? Das ist ganz einfach: der Bundesrat stimmt nicht zu. Das Gesetz ist dann gescheitert.

Prüfer: Na wunderbar. Der Bundestag oder die Bundesregierung haben aber ein Interesse am Zustandekommen eines Gesetzes. Wenn Vertretungen der Länder im Bundesrat Gründe darlegen, warum sie die Zustimmung einem Gesetz verweigern. Besteht dann trotz dieser unterschiedlichen Interessenlage noch die Möglichkeit, das Gesetz zu retten?

Schüler: Die Bundesregierung und der Bundestag können die Einberufung des Vermittlungsausschusses verlangen.

Prüfer: Genau. Wissen sie zufällig, wie sich der Vermittlungsausschuss zusammensetzt?

Schüler: Nein.

Prüfer: Er besteht aus je 16 Mitgliedern des Bundestages und des Bundesrates. Damit der Vermittlungsausschuss auch tatsächlich einen Kompromiss beschließen kann, sieht das Grundgesetz gerade für die Mitglieder des Bundesrates eine besondere Regelung vor. Welche Regelung meine ich und warum sieht das Grundgesetz gerade hier diese Regelung vor?

Schüler: Im Gegensatz zu den Bundestagsabgeordneten haben die Mitglieder des Bundesrates kein freies (Art. 38 Abs. 1 GG) sondern ein imperatives (bindendes) Mandat (Art. 51 Abs. 3 GG).

Damit aber ein tragfähiger Kompromiss zustande kommen kann, sind nach Art. 77 Abs. 2 GG die Mitglieder des Bundesrates im Vermittlungsausschuss nicht an Weisungen gebunden.

Prüfer: Prima. Welche zwei Möglichkeiten ergeben sich nach dem Vermittlungsverfahren?

Schüler: Der Vermittlungsausschuss kommt zu einer Änderung oder eben nicht.

Prüfer: Welche Auswirkung hat eine fehlende Einigung für das Gesetz?

Schüler: Da der Bundesrat schon vor dem Vermittlungsverfahren deutlich gemacht hat, dass er diesem Gesetz in der vom Bundestag beschlossenen Ausführung nicht die Zustimmung gibt, wird er konsequenterweise auch jetzt die Zustimmung verweigern und das Gesetz ist somit gescheitert.

Prüfer: Welche Auswirkung hat ein ausgehandelter Kompromissvorschlag für unser Gesetz?

Schüler: Zunächst muss der Bundestag über die Änderung des Gesetzesbeschlusses abstimmen. Stimmt der Bundestag der Änderung mit einfacher Mehrheit zu, wird wohl auch der Bundesrat dem Gesetz zustimmen.

Prüfer: Nennen Sie mir ein Steuergesetz, das im Bundesrat als Einspruchsgesetz zu behandeln ist und begründen Sie dies kurz!

Schüler: Es muss sich um ein solches Steuergesetz handeln, dessen Aufkommen ausschließlich dem Bund zusteht und das auch ausschließlich vom Bund verwaltet wird. Ich denke hier zum Beispiel an das Mineralölsteuergesetz. Die Mineralölsteuer ist eine Verbrauchsteuer, die nach Art. 106 Abs. 1 Nr. 2 GG nur dem Bund zusteht und nach Art. 108 Abs. 1 GG durch Bundesfinanzbehörden verwaltet wird. Die untersten Bundesfinanzbehörden sind die Hauptzollämter (siehe § 1 Nr. 4 FVG).

Prüfer: Die Zeit ist zu Ende. Ich bedanke mich für das angenehme Prüfungsgespräch.

V. Mündliche Prüfung aus dem Fach Buchführung und Bilanzwesen

Prüfer: Beginnen wollen wir das Prüfungsgespräch mit Deuten von Buchungssätzen. Welcher Geschäftsvorfall liegt folgendem Buchungssatz, den Sie sich bitte notieren wollen, zugrunde?

Bank	11.900 €		Fuhrpark	12.000 €
a. o. Aufwand	2.000 €	an	Umsatzsteuer	1.900 €

Schüler: Hier wird ein zum Betriebsvermögen gehörendes Kfz für 11 900 € brutto verkauft. Die Umsatzsteuer muss gebucht werden, da es sich um einen steuerpflichtigen Verkauf handelt.

Prüfer: In Ordnung. Nehmen wir an, der Steuerpflichtige wäre ein Möbelhändler. Wieso muss er für einen solchen Verkauf Umsatzsteuer zahlen?

Schüler: Umsatzsteuerlich liegt eine steuerpflichtige Lieferung vor, um es genau zu sagen, ein Hilfsgeschäft. Das Kfz gehört zum Unternehmensvermögen. Deshalb liefert der Unternehmer auch im Rahmen seines Unternehmens. Da das Grundgeschäft, Verkauf von Möbeln, bereits nachhaltig ist, ist die Nachhaltigkeit bei Hilfsgeschäften nicht mehr erforderlich, um einen steuerbaren und steuerpflichtigen Umsatz zu erhalten.

Prüfer: Ich sehe, Sie kennen sich auch in der Umsatzsteuer aus. Erläutern Sie bitte auch den Rest des Buchungssatzes.

Schüler: Da das Kfz mit 12.000 € ausgebucht wurde, was dem Buchwert zum Zeitpunkt des Verkaufs entspricht, entsteht ein außerordentlicher Aufwand. Der Netto-Verkaufserlös ist um 2.000 € geringer als der aktuelle Buchwert. Also hat der Steuerpflichtige den Wagen unter Wert verkauft.

Prüfer: Gut erkannt. Unterstellt, der Verkauf hätte im Juli eines Jahres stattgefunden. Ergeben sich dadurch noch andere buchtechnische Auswirkungen?

Schüler: Ja, ich denke da z.B. an die Abschreibung. Bis zum Verkauf müsste noch die AfA gebucht werden?

Prüfer: Wieso das?

Schüler: Das Kfz gehört zum Betriebsvermögen. Also müssen für die Zeit der Zugehörigkeit zum Betriebsvermögen alle Kosten und natürlich auch die AfA als Betriebsausgabe gebucht werden, weil sie insoweit noch betrieblicher Aufwand darstellt.

Prüfer: Wenn nun die AfA nicht erfasst würde?

Schüler: Gut, dann wäre halt der Buchwert bei Verkauf entsprechend höher.

Prüfer: Folge?

Schüler: Der entstandene a.o. Aufwand würde sich auch entsprechend erhöhen, da jetzt die Differenz zwischen Buchwert und Netto-Verkaufserlös noch größer wäre.

Prüfer: Welche Gewinnauswirkung würde das nach sich ziehen?

Schüler: Die Buchung der AfA und des a.o. Aufwands würde den Gewinn mindern. Wird keine AfA gebucht, wäre der gewinnmindernde a.o. Aufwand entsprechend höher. Die Gewinnauswirkung wäre jedoch im Ergebnis gleich.

Prüfer: Na, dann wäre doch eine Buchung der AfA gar nicht nötig?

Schüler: Ja, stimmt eigentlich.

Prüfer: Warum muss man denn dann trotzdem die AfA berücksichtigen?

Schüler: Tut mir leid, diese Frage kann ich nicht beantworten.

Prüfer: Hilft Ihnen das Stichwort Privatnutzung weiter?

Schüler: Sie denken an eine Nutzungsentnahme; also wenn der Steuerpflichtige das betriebliche Kfz auch privat mitnutzen würde?

Prüfer: Ja, daran denke ich, und?

Schüler: Der Steuerpflichtige müsste dann die über das Jahr Gewinn mindernd verbuchten Kfz-Kosten i.H. des Privatanteils wieder Gewinn erhöhend rückgängig machen.

Prüfer: Schön, und was hat die AfA damit zu tun?

Schüler: Auch die AfA müsste i.H. des Privatanteils korrigiert werden. Ach so, jetzt weiß ich, auf was Sie hinaus wollen. Würde er die AfA bis zum Verkauf nicht buchen, würde sie bei der Berechnung des Privatanteils zu Unrecht unberücksichtigt bleiben. Der Jahresreingewinn wäre verfälscht.

Prüfer: Ja, das wäre das Ergebnis. Ist das aber in jedem Fall so?

Schüler: Ja.

Prüfer: Wenn Sie den Gewinn um den Privatanteil korrigieren wollen, dann haben Sie bei einem Kfz, das zum notwendigen Betriebsvermögen gehört, doch mehrere Ermittlungsmethoden.

Schüler: Ja, sicher. Ich habe die Möglichkeit, den Privatanteil durch die 1 %-Methode oder durch die Fahrtenbuchmethode zu ermitteln.

Prüfer: Genau, und im Rahmen welcher der beiden Methoden spielt die Korrektur der AfA eine Rolle?

Schüler: Nun ja. Ich denke doch nur bei der Fahrtenbuchmethode, da nur dort die tatsächlich angefallenen Kosten i.H. des durch eben dieses Fahrtenbuch in tatsächlicher Höhe ermittelten Privatanteils für den richtigen Gewinn berichtigt werden. Im Rahmen der 1 %-Methode wird ja nur pauschal korrigiert, also interessieren die tatsächlich angefallenen Kosten nicht.

Prüfer: Das haben Sie gut erkannt. Wollen wir weiter machen. Deuten Sie bitte den nächsten Buchungssatz.

Schüler: Den hab' ich noch nie gehört.

Prüfer: Sicherlich ungewöhnlich, aber überlegen Sie trotzdem.

Schüler: Ich denke, dass damit die Abschreibung für die Registrierkasse gebucht werden sollte.

Prüfer: Bucht man diese Abschreibung auf das Konto Kasse?

Schüler: Nein, eigentlich nicht. Man müsste die AfA – wenn überhaupt – auf das Konto „Betriebs- und Geschäftsausstattung" gegen buchen, denn das Konto „Kasse" betrifft ja das Bargeldvermögen.

Prüfer: Aber wieso kann dann der Steuerpflichtige so buchen?

Schüler: Vielleicht hat er einfach versehentlich falsch gebucht; dann würde aber auch der rechnerische Endbestand des Kassenkontos nicht mit dem Inventurergebnis übereinstimmen. Dies hätte der Steuerpflichtige dann aber auch merken müssen. Es könnte auch sein, dass ihm Geld aus der Kasse gestohlen wurde, er aber den entstandenen Aufwand fälschlicherweise über AfA gebucht hat.

Prüfer: Ja, so kann man das sehen. Verlassen wir nun die Buchungssätze und beschäftigen uns mit dem Begriff der Bilanzierung. Was verstehen Sie darunter?

Schüler: Das ist ein Problem, das am Ende eines Geschäftsjahres bei der Erstellung der Bilanz auftritt.

Prüfer: In welcher Form?

Schüler: Der Steuerpflichtige muss ja alle Gegenstände, die zu seinem Betriebsvermögen gehören, in die Bilanz aufnehmen und sie bewerten.

Prüfer: Wann gehört denn ein Gegenstand zum Betriebsvermögen?

Schüler: Entweder gehört der Gegenstand zum notwendigen Betriebsvermögen, d.h. er stellt zwingend Betriebsvermögen dar, oder er wurde zum Betriebsvermögen gewillkürt.

Prüfer: Richtig, zurück zum Problem der Bilanzierung.

Schüler: Ist nun der Gegenstand zum Betriebsvermögen zu rechnen, muss er zwingend bilanziert, also aktiviert oder passiviert werden. Die Frage ist nur, mit welchem Wert. Gehört das Wirtschaftsgut z.B. zum abnutzbaren Anlagevermögen, müssen die Anschaffungs- oder Herstellungskosten vermindert um die Abschreibungen aktiviert werden.

Prüfer: Was versteht man denn unter Anschaffungskosten?

Schüler: Anschaffungskosten eines Wirtschaftsguts sind alle Kosten, die der Steuerpflichtige aufwenden muss, um dieses Wirtschaftsgut zu erwerben und es in einen betriebsbereiten Zustand zu versetzen.

Prüfer: Können Sie mir Beispiele für Anschaffungskosten nennen?

Schüler: Nun, Anschaffungskosten bei Erwerb eines Fahrzeugs sind zum Beispiel der Kaufpreis, die Transportkosten, die Kosten für die Zulassung und natürlich die Sonderausstattungen. In diesem Zusammenhang ist gerade die Unterscheidung zwischen Anschaffungskosten und Aufwendungen, die nicht zu den Anschaffungskosten gehören von wichtiger Bedeutung.

Prüfer: An welche wichtige Bedeutung denken Sie?

Schüler: Die Anschaffungskosten werden ja zunächst erfolgsneutral auf ein Anlagekonto gebucht und müssen dann über die AfA abgeschrieben werden. Die Gewinnauswirkung ergibt sich also nicht im Jahr der Anschaffung in voller Höhe, sondern erst im Laufe der Jahre über die AfA. Kosten für die laufende Nutzung des Fahrzeugs, wie z.B. Benzin oder Inspektionen sind hingegen in voller Höhe als Aufwand zu buchen.

Prüfer: Das ist richtig. Sie haben die AfA erwähnt, können Sie mir AfA-Methoden nennen?

Schüler: Nun da fällt mir z.B. die lineare AfA ein.

Prüfer: In Ordnung. Welche lineare AfA-Methoden kennen Sie?

Schüler: Das Einkommensteuergesetz kennt verschiedene lineare AfA-Methoden, je nachdem ob es sich um bewegliche oder um unbewegliche abnutzbare Wirtschaftsgüter handelt.

So kann für bewegliche Wirtschaftsgüter die lineare AfA nach § 7 Abs. 1 EStG in Anspruch genommen werden. Für Gebäude kennt das EStG die lineare AfA-Methode nach § 7 Abs. 4 EStG.

Prüfer: Muss man denn immer ein abnutzbares Wirtschaftsgut abschreiben?

Schüler: Ja.

Prüfer: Sie kennen keine Ausnahme?

Schüler: Doch, es gibt da auch noch beispielsweise die sogenannte GWG-Möglichkeit. Damit meine ich, wenn ein Wirtschaftsgut die Voraussetzungen für die GWG-Regelung erfüllt, kann man dessen Anschaffungskosten im Wirtschaftsjahr der Anschaffung auf einmal absetzen.

Prüfer: Sehr schön. Damit haben Sie auch diesen Teil der Prüfung erfolgreich hinter sich gebracht. Ich bedanke mich bei Ihnen.

VI. Mündliche Prüfung aus dem Fach Umsatzsteuer

Prüfer: Wollen wir die Prüfung mit der umsatzsteuerlichen Betrachtung eines Arztes beginnen. Welche Leistungen erbringt denn ein Arzt?

Schüler: Sonstige Leistungen.

Prüfer: Richtig. Sind diese Leistungen steuerfrei oder steuerpflichtig?

Schüler: Die Leistungen sind grundsätzlich nach § 4 Nr. 14a) UStG steuerfrei.

Prüfer: Sind die typischen Leistungen eines jeden Arztes steuerfrei?

Schüler: Nein, die Leistungen der Tierärzte und Zahnärzte sind von der Steuerbefreiung ausgenommen.

Prüfer: Ja, bei den Tierärzten haben Sie Recht. Bei den Zahnärzten muss man allerdings eine Einschränkung machen. An welche denke ich?

Schüler: Ach ja, richtig, die typischen Leistungen der Zahnärzte sind steuerfrei. Die Lieferung oder Wiederherstellung von Zahnprothesen ist allerdings steuerpflichtig.

Prüfer: Genau daran habe ich gedacht. Angenommen, ein Tierarzt malt und textet ein Kinderbuch mit dem Titel: „Alle meine Tiere". Er findet dafür einen Verlag, der 150.000 Exemplare des Buches druckt. Der Tierarzt erhält von dem Verlag pro verkauftem Buch 5 €. Der Käufer des Buches muss dafür 30 € aufwenden. Zwischen wem findet ein Leistungsaustausch statt und welche Leistungen werden erbracht?

Schüler: Der Tierarzt hat eine Nebentätigkeit und somit liegt ein Nebengeschäft vor.

Prüfer: Zu dem Problem der Nebentätigkeit wollte ich erst anschließend kommen. Wenn Sie dieses Thema allerdings anschneiden, wie würden Sie dann folgenden Fall beurteilen: Der Tierarzt hält an der Volkshochschule einmalig einen Vortrag über Tierhygiene. Ist diese Vortragstätigkeit umsatzsteuerrechtlich von Bedeutung und worin unterscheidet sie sich von seiner schriftstellerischen Tätigkeit?

Schüler: Ja, ich habe das Problem erkannt. Die Vortragstätigkeit ist ein Nebengeschäft, da diese Ausfluss seiner Haupttätigkeit ist. Der einmalige Vortrag ist eine steuerbare und steuerpflichtige sonstige Leistung, da die Nachhaltigkeit bei einem Nebengeschäft nicht nochmals gegeben sein muss. Die schriftstellerische Tätigkeit hat mit dem Hauptberuf Arzt nichts zu tun, daher kann auch kein Nebengeschäft vorliegen. Das Schreiben von Kinderbüchern führt vielmehr zu einem neuen Grundgeschäft.

Prüfer: Jawohl, jetzt haben Sie Ihren Fehler korrigiert. Kommen wir also zu unserem Ausgangsfall zurück. Ich wollte wissen, zwischen wem, bezüglich des Buches, ein Leistungsaustausch stattfindet und welche Leistungen erbracht werden.

Schüler: Das Schreiben des Buches ist also bei dem Tierarzt ein weiteres Grundgeschäft. Ein Leistungsaustausch findet somit zwischen ihm und dem Verlag statt. Es handelt sich um eine sonstige Leistung. Ein weiterer Leistungsaustausch findet zwischen dem Verlag und den Käufern der Bücher statt; hierbei handelt es sich um Lieferungen.

Prüfer: Korrekt, das klappt doch gut. Machen wir mit dem Fall weiter. Der Tierarzt schneidet seiner Schwiegermutter die Fingernägel und dem Dackel der Schwiegermutter die Krallen. Beide Tätigkeiten erbringt er selbstverständlich ohne eine Gegenleistung. Wie sind diese beiden Tätigkeiten umsatzsteuerlich zu behandeln?

Schüler: Das Schneiden der Fingernägel ist umsatzsteuerrechtlich nicht relevant, da er hier nicht als Tierarzt, also nicht im Rahmen seines Unternehmens tätig wird. Das Schneiden der Krallen ist aber eine sonstige Leistung im Rahmen seines Unternehmens, die aber mangels Gegenleistung nicht steuerbar ist. Es fehlt hier am Leistungsaustausch.

Prüfer: Ihre Lösung ist insoweit richtig. Es fehlt jedoch noch eine weitere Schlussfolgerung. Ich versuche, Ihnen weiterzuhelfen. Welche Umsätze unterliegen der Umsatzsteuer nach § 1 UStG?

Schüler: Die Lieferungen und sonstigen Leistungen, die Einfuhr und der innergemeinschaftliche Erwerb. Ach ja, jetzt weiß ich, auf was Sie hinaus wollen. Das Schneiden der Krallen ist eine fiktive sonstige Leistung.

Prüfer: Ja, Sie wissen es doch! Unser Tierarzt veräußert seinen zu 60 % unternehmerisch genutzten Pkw. Ist dieser Umsatz steuerbar?

Schüler: Der Tierarzt tätigt ein Hilfsgeschäft. Ein Hilfsgeschäft muss ebenfalls nicht nachhaltig erfolgen. Die Lieferung ist daher steuerbar.

Prüfer: Der Tierarzt geht in den Ruhestand und vermietet die Praxisräume an einen anderen Arzt. Welche Leistung erbringt der Tierarzt und ist diese Leistung steuerpflichtig?

Schüler: Der Tierarzt erbringt durch die Vermietung eine sonstige Leistung, die aber steuerfrei ist.

Prüfer: Könnte diese Vermietungsleistung auch steuerpflichtig sein?

Schüler: Nein, die Vermietungsleistung ist nach § 4 Nr. 12a) UStG immer steuerfrei.

Prüfer: Sie haben ja grundsätzlich Recht. Sehen Sie nicht aber eine Möglichkeit, dass diese Vermietungsleistung nicht doch als steuerpflichtiger Umsatz behandelt werden könnte?

Schüler: Ach so, Sie denken an die Option nach § 9 UStG, nämlich an die Möglichkeit, auf die Steuerbefreiung zu verzichten. Da die Vermietungsleistung an einen anderen Unternehmer für dessen Unternehmen ausgeführt wird, kann der Tierarzt auf die Steuerbefreiung verzichten.

Prüfer: Ist es Ihrer Ansicht nach egal, ob der Leistungsempfänger Tierarzt oder praktischer Arzt ist?

Schüler: Ein Tierarzt tätigt steuerpflichtige Umsätze, ein praktischer Arzt dagegen steuerfreie Umsätze. Eine weitere Voraussetzung der Option nach § 9 UStG ist, dass der Leistungsempfänger das Grundstück ausschließlich für Umsätze verwendet, die den Vorsteuerabzug nicht ausschließen. Bei einem Tierarzt ist die Option möglich, bei einem praktischen Arzt jedoch nicht.

Prüfer: Bringt der Verzicht auf die Steuerbefreiung im Hinblick auf die Höhe der Miete Vorteile, Nachteile oder ist dies in der Auswirkung neutral?

Schüler: Die Auswirkung ist neutral.

Prüfer: Können Sie Ihre Aussage mit einem Beispiel belegen?

Schüler: Angenommen, die monatliche Miete wäre 1.000 €. Wenn auf die Steuerbefreiung verzichtet wird, beträgt die Miete 1.000 € + USt. Der Mieter müsste dann zwar mehr aufwenden, hat aber dann einen Vorsteuerabzug in Höhe der USt. Der Vermieter würde auch mehr erhalten, müsste allerdings die USt an das Finanzamt abführen; damit wäre die Auswirkung neutral.

Prüfer: Sehr gut. Angenommen, unser Tierarzt vermietet sein Grundstück wie folgt:

Erdgeschoss: 50 qm an einen anderen Tierarzt als Tierarztpraxis

Obergeschoss: 100 qm an den anderen Tierarzt als Wohnung

Im Erdgeschoss werden neue Fenster eingebaut für 10.000 € zzgl. USt. Im Obergeschoss wird eine neue Tür eingesetzt für 1.000 € zzgl. USt. Am Dach des Gebäudes wird eine Reparatur durchgeführt für 5.000 € zzgl. USt. Wie hoch ist der Vorsteuerabzug, wenn unser Tierarzt – soweit möglich – auf die Steuerbefreiung verzichtet hat und das gesamte Grundstück zum Unternehmensvermögen gehört?

Schüler: Die gesamte Vorsteuer ist gem. § 15 Abs. 1 Nr. 1 UStG abziehbar. Für das Erdgeschoss ist die Vorsteuer für die neuen Fenster auch in voller Höhe abzugsfähig, da sie nur im Zusammenhang mit Abzugsumsätzen steht. Die Vorsteuer für die neue Tür im Obergeschoss ist nicht abzugsfähig, da sie im Zusammenhang mit Ausschlussumsätzen steht. Hier hat der Tierarzt keine Möglichkeit auf die Steuerbefreiung zu verzichten. Die Vorsteuer für die Dachreparatur steht sowohl mit Abzugs- als auch mit Ausschlussumsätzen im Zusammenhang. Die abziehbare Vorsteuer ist daher gem. § 15 Abs. 4 UStG aufzuteilen.

Nach dem Verhältnis der qm sind $2/3$ des Vorsteuerbetrags nicht abzugsfähig und $1/3$ abzugsfähig.

Prüfer: Ganz hervorragend. Wie hoch wäre demzufolge der Vorsteuerabzug, wenn der Tierarzt nicht auf die Steuerbefreiung verzichtet hätte?

Schüler: Da er dann nur Ausschlussumsätze tätigen würde, wäre die Vorsteuer in voller Höhe nicht abzugsfähig.

Prüfer: Als Hobbymusiker eröffnet unser Tierarzt im Ruhestand eine Musikschule und verlangt pro Kursteilnehmer monatlich 100 € zzgl. USt. Die Verträge haben eine Laufzeit von über einem Jahr und verlängern sich danach automatisch, wenn sie nicht gekündigt werden. Welche Leistung erbringt unser Tierarzt als Hobbymusiker?

Schüler: Er erbringt sonstige Leistungen, und zwar Teilleistungen.

Prüfer: Wieso handelt es sich hier um Teilleistungen?

Schüler: Da die Leistung nach Monaten teilbar ist und das Entgelt gesondert vereinbart wurde.

Prüfer: Richtig. Nebenher verkauft unser Tierarzt, der in Edenkoben wohnt, im eigenen Namen und für eigene Rechnung Wein aus dem Weingut seines Bruders. Er fährt mit dem Wein in seine Heimatgemeinde nach Hermeskeil und geht dort von Tür zu Tür, bietet den Wein an und verkauft ihn dort. Bestimmen Sie den Ort der Lieferung!

Schüler: Da es sich um Lieferungen handelt, bestimmt sich der Ort nach § 3 Abs. 6 UStG. Die Lieferung wird dort ausgeführt, wo die Beförderung beginnt, also in Edenkoben.

Prüfer: Sie sind sich da sicher?

Schüler: Ach ja, jetzt habe ich die Lösung. Da die Abnehmer noch nicht feststehen, handelt es sich zunächst um ein rechtsgeschäftsloses Verbringen von Edenkoben nach Hermeskeil. Erst dann, wenn sich ein Käufer findet, wird im Moment der Übergabe des Weins eine Lieferung bewirkt. Der Ort der Lieferung bestimmt sich dann nach § 3 Abs. 6 UStG. Der Ort der Lieferung befindet sich in Hermeskeil, also im Inland. Die Lieferung ist dann auch steuerbar.

Prüfer: Welche Besonderheiten ergeben sich, wenn ein Unternehmer Gegenstände einkauft, die er unmittelbar für eine unentgeltliche Wertabgabe verwenden möchte? Nennen Sie dazu bitte ein Beispiel.

Schüler: Bezieht ein Unternehmer einen Gegenstand, um ihn ausschließlich und unmittelbar für eine unentgeltliche Wertabgabe zu verwenden, ist er grundsätzlich nicht zum Vorsteuerabzug berechtigt. Das hat der BFH entschieden und die Finanzverwaltung teilt diese Ansicht. Eine solche unentgeltliche Wertabgabe kann z.B. Jubiläumszuwendungen betreffen, die gegenüber dem Personal ausgeführt werden. Bekommt der Unternehmer keine Vorsteuer, muss er aber auch die unentgeltliche Wertabgabe nicht versteuern.

Prüfer: Jawohl, Sie haben das Beispiel richtig gelöst. Ich sehe meine Zeit ist um. Ich bedanke mich bei Ihnen. Das war die Prüfung im Fach Umsatzsteuer.

Schlusswort

Prüfungsvorsitzender: Vielen Dank für diese hervorragende Prüfung. Ohne das Prüfungsergebnis vorwegzunehmen, möchte ich Ihnen im Voraus schon einmal für das Bestehen der Laufbahnprüfung gratulieren. Der Prüfungsausschuss (die Autoren) wünschen Ihnen für die spätere Arbeit im Finanzamt viel Erfolg. Denken Sie immer daran, dass das Lernen mit dem Bestehen der Prüfung nicht vorbei ist. Die korrekte Anwendung der ständig sich ändernden Steuergesetze verlangt von Ihnen eine permanente Weiterbildung.

Vielen Dank für Ihr Interesse und noch einmal viel Erfolg für das Bestehen Ihrer Laufbahnprüfung und im Berufsleben wünschen zum Schluss die Autoren:

Jörg Ramb
David Jauch

Stichwortverzeichnis